舐犊集

张宗源 著

成都时代出版社
CHENGDU TIMES PRESS

图书在版编目（CIP）数据

舐犊集 / 张宗源著 . -- 成都：成都时代出版社，
2023.4

ISBN 978-7-5464-3210-6

Ⅰ. ①舐… Ⅱ. ①张… Ⅲ. ①中学语文课—教学研究
—文集 Ⅳ. ① G633.302-54

中国国家版本馆 CIP 数据核字（2023）第 004049 号

舐犊集
SHIDUJI

张宗源　著

出 品 人　达　海
责任编辑　周佑谦
责任校对　樊思岐
责任印制　陈淑雨
封面设计　皓　月
内容策划　成都文众教育文化

出版发行　成都时代出版社
电　　话　（028）86742352（编辑部）
　　　　　（028）86615250（发行部）
印　　刷　廊坊市海涛印刷有限公司
规　　格　145mm×210mm
印　　张　6
字　　数　130 千
版　　次　2023 年 4 月第 1 版
印　　次　2023 年 4 月第 1 次印刷
书　　号　ISBN 978-7-5464-3210-6
定　　价　58.00 元

张宗源先生在家中学习

初中毕业照

高中毕业照

高师毕业照

一剪梅·夕照弥江情

忆昔春风曙照明。立雪弥江，望眼青云。
时乖运舛断长风，砺锐青萍，霜艳梅英。
霹雳雷霆荡乱云。浩浩苍天，归鸟鹏程。
三千水击驭洪波，猛志刑天，夸父精魂。

盐亭中学高六六级毕业五十年同学会

用一生智慧与心血铸就杏坛丰碑

陈于林　李德兴

　　论其文，必先知其人。《舐犊集》作者张宗源先生，出生在盐亭县八角镇原五龙乡张家嘴，高中毕业后回乡务农。1977年参加高考被四川省绵阳高等师范专科学校录取，毕业后先后在五龙中学、盐亭县八角初级中学（简称八角中学）、四川省盐亭师范学校（简称盐亭师校）、盐亭县文同高级中学（简称文同中学）从事教育教学工作，为祖国培养了许多栋梁之材，深得学生爱戴、同事敬重、社会好评。退休后，他将自己痴迷于教育的满腔热血转移到文学创作上，在县级、省级及至国家级刊物上发表了多篇具有一定影响的文学作品。现在，张先生又将自己对语言、教材、教法、育人的研究成果结集成书，名曰《舐犊集》。

细读此书，可看出其具有以下几个鲜明的特点：

一、治学严谨，工于语言

一名中师、中学语文教育工作者，孜孜不倦地将五千年优秀的中华文化传承给莘莘学子，在人生的本色上增添了一笔亮丽的色彩。体现了他的语言功底，他对语言文字探索的耐力和坚韧，他对国家、民族文明的自信和执着。无论是平时对语言现象的讨论（《是单句还是复句》），还是对课本配套教学参考书（简称教参）上专家意见的异议（《教学语法分析要为准确理解文意服务》），抑或对语文试题标准答案的质疑（《高考语言试题标准答案应符合现代语法规范》）都能看出张先生对于语言的独到见解和不懈追求，绝不是一时兴起而是长年如此，绝不是浅尝辄止而是深入肌理，绝不是盲目听从而是敢于挑战权威和成见。他的学生有此深刻的体会自不待言，就是我们这些没有机会成为其弟子而初读《舐犊集》的人又未尝没有几分灵魂的震撼，继而从心底生出无数对于语言文字的敬仰之情。

二、精益求精，深研教材

教材的编撰必定遵从于教学大纲，进而全面、具体地体现教学大纲的思想。作为从 20 世纪 80 年代一路走来的语文教育工作者，作为从荆棘丛生中一路摸爬滚打过来的张宗源先生，对于教材有着十二万分的敬畏。但他的最大优点却在敢于挑战具有权威性的教材，且对其进行认知内的拓展、升华。例如，张宗源先生认为："无是，馁也"的主语是"气"而非人；"无是"的"是"应该是指代前句的"义与道"，而不是"浩然正气"；"馁"是指"气没有力量"，而不是"人气馁"。这一段对于教材知识点错误的剖析，不仅引经据典，而且有着极强的逻辑性和透彻力，彰显了一位教育工作者对于教材质量的高度重视和对于教育对象的高度责任心。

《腐朽自私的"真诚"》一文中，作者并不是片面地以阶级论来看待周朴园和鲁侍萍的关系，而是从人性、阶级性、社会性、道德观四个维度客观、辩证地分析周朴园和鲁侍萍的关系，从而得出了令人信服的结论。《惜爱深深一小池，理趣幽幽载小诗》一文则将南宋诗人杨万里的《小池》一诗解析得淋漓尽致、入木三分——由惜而爱，由爱而争，层层剖析，把寓涵于景物中的理趣抽象出来，形成了一种热爱生活、奋发进取的人生哲理，令人钦服。《从阅读鉴赏试谈文学形象的整体性》一文，以《难老泉》为例，从系统论的角度来剖析文学形象的社会意义，别开生面，独树一帜，具有现实的示范意义。

三、注重教法，灵活多样

根据不同的教学内容、教学要求和教学对象，灵活地选取或创新不同的教学方法，这是教学的灵魂。张宗源先生在教学方法上不拘泥于成规，创新了多种教学方法，仅作文教学就达9种之多。比如"一题多练"，成效显著；"引发记忆，再现

表象"，获得专家好评；其作文《晨光》更是受到《中国教师范文精品》（高中卷）的编辑称赞："只有对自己的学校、对教育事业深深爱着的人才能写出这样的好文章。"

又比如课文教学，他一般不采用传统的讲授式教学，多采用启发式互动教学。学校利用他这一特长指导青年教师参加的中师赛课，获得了全市第二的名次。他甚至破例以多种朗诵方式来代替常规的课文教学，他认为："有些课文需要的就是引导学生进行生动的情感体验，而这种情感体验，声情并茂的朗读或朗诵，胜过一般的讲解。"因此，他的朗诵教学深受学生欢迎。

而阅读教学，在借鉴的基础上又有所创新，《适合山区中等学校的一种高效阅读法》则精炼地阐释了"意群快速阅读""整体程序阅读""精读"三种方法，给山区语文教育工作者和孩子们提供了北斗七星似的方法指导。

张宗源先生没有局限在具体研究教学的某个方面，还花大量时间对教学的整体做了系统性研究，《实施新大纲　实现〈阅读与写作〉教学的高效率》就是这一研究的成果。

四、德高为范，桃李芬芳

张宗源先生不仅是一位中师、中学语文教育工作者，还是一位具有独到思想的良师益友，远近闻名的立德树人标杆。从他的人生履历中，我们领略到的是一位功底扎实又孜孜以求的儒者风范，我们品味到的是一位爱生如子的教育、教学引领者和探索者，我们欣赏到的是他不惧权威而志于求真的永无止境的高贵品质。他的《中学生恋爱道德规范四六律》，是他爱生如子的真实写照；他的"辛勤耕耘，俯首为牛"的演讲，是他一生所践行的教书育人观；他将自己的教书育人成果化为情感四溢、文精意美的《舐犊集》，是他教坛余热的真诚奉献。

人一生能出此存世之作实非易事。何况《舐犊集》是一本集一生智慧、心血于一体的教育、教学专著——于今人有益，于后世有补！

美哉，盐亭县首部教育、教学专著！

壮哉，盐亭县第一本集语言、教材、教法、育人研究为一体的文集！

我们有理由相信，《舐犊集》的正式出版必将引领盐亭教育人探寻教育新高度；我们有理由相信，《舐犊集》的广泛传播必将引导盐亭教育人迈向教书育人历程中那一座座珠穆朗玛峰！

陈于林：四川省中学特级教师，曾任盐亭中学校长，现任盐亭作协名誉主席，作品《陈于林文集》由中国文史出版社出版发行，诗歌作品散见《星星》《新诗月刊》等刊物。

李德兴，男，汉族，高级讲师，四川省作家协会会员。生于1963年10月，四川盐亭人。业余时间主要从事散文、诗歌、小说等文学创作，曾协助盐亭、梓潼县完成《千年古县》材料汇编，协助盐亭县青少年活动中心完成课外读本撰写，已出版散文集《雨中漫步》。

目录

语言研究篇

是单句还是复句

——《文学和出汗》中一个句子的分析

《文学和出汗》的末段有这样一个句子：

1. 在中国，从道士听论道①，从批评家听谈文②，都令人毛孔痉挛，汗不敢出③。

这个句子是单句还是复句？我给中师生出的这道考题，曾引起老师们很大争论，绝大多数人认为是单句。单句说认为：①②是主语，③是谓语；③是对①②的陈述，①②是③陈述的对象。

根据主谓句的一般性质，如果上述说法成立，那么，①②能回答"谁"或"什么"的问题，③能回答"干什么"或"怎么样"的问题。它是否符合这一性质呢？请看下面的回答：

问："什么令人毛孔痉挛，汗不敢出？"

答："道士谈的道和批评家论的文。"

问："听论道，听谈文，怎么样？"

答："……"（语塞）

问："听论道，听谈文，感觉怎么样？"

答："毛孔痉挛，汗不敢出。"

第一组问答，对③提出"什么"的问题，回答的不是①②，而是①②中"谈"和"论"的宾语"道"和"文"。这说明，①②不能回答"什么"的问题。

　　第二问明显不当，因为问话的语意不明。"听论道，听谈文，怎么样？"这个"怎么样？"是指听觉怎么样？内容怎么样？"论"和"谈"的艺术水平怎么样？语意不明，可有多种理解，由于不知所问何指，当然答者语塞。

　　第三问，中间多出了"感觉"这个主语，从而否定了①②的主语地位，答句中的"毛孔痉挛，汗不敢出"又没有穷尽③的内容，从而说明③不能回答"怎么样"的问题。既然①②不能回答"什么"的问题，当然就不是③陈述的对象，也就不是主语了。既然③的回答不能涵盖"怎么样"的所有问题，当然就不是对①②的准确陈述，这个"谓语"的妥当性就有问题了。

　　再从它们之间的语意关系看。

　　先看①②和③之间的关系。"听论道，听谈文"，中心词是"听"，强调的是听者的一种行为，"毛孔痉挛，汗不敢出"，是听者对听到的内容心理受到强烈刺激所产生的一种生理反应。它们是听者的两种不同活动，一种是行为活动，一种是心理活动。其中"听"是必要条件，"毛孔痉挛，汗不敢出"是这个条件下产生的结果，但它们之间绝没有施事者与施事的关系，所以"听"这种行为不具备主语的属性。这就是第一问不能用①②回答的原因。

　　再从③的内部看，"令"的施事者是"道和文"，"毛孔

痉挛，汗不敢出"的施事者是兼语"人"，"令"和"毛孔痉挛，汗不敢出"之间存在着因果关系，没有"道和文"的"令"就没有"人"的"毛孔痉挛，汗不敢出"。在这里，"道和文"起着支配者的作用，它具有主语的属性。这正如看电影，使人产生各种情绪的，是电影的内容而不是看电影这种行为。这说明③自身是一套完整的句子结构，不需要一个外来的成分做它的主语。

由上可见，③和①②之间绝没有陈述与被陈述的关系，它们之间只有时间上的承接关系，或条件和结果的逻辑关系，它们不属于一套句子结构，任何一方也不作另一方的句子成分，所以它不是一个单句。

①②不能做主语，可从专家的相关论述中得到印证。

北京市"中学语法教学研究"课题组在《中学语文教学》1994 年第 12 期和 1995 年第 1 期上连载了《中学语法教学实施意见》。其中 1995 年第 1 期的第 41 页（通编第 15 页）右栏 3～5 段做了如下论述：

不注意使动句式的运用，也会造成主语残缺的毛病。如：

听了王长健的话，使他心里感到很不舒服，就坐在一边不言语了。

"使他心里感到很不舒服"的，是"王长健的话"，而不是"听了王长健的话"这一行为，宜将"听了"删去，或保留"听了王长健的话"，将"使"删去。

专家的这个例句和鲁迅的这句话是一个类型。为什么专家所举例句是个病句，鲁迅这句话就不是病句呢？胡念耕老师在《中学语文教学》1994年第9期上发表了他的《注意语言的时代性》，就将鲁迅的这类语句归因于时代习惯而做省略句处理。无论是病句还是省略句，这里所说的道理都是一样：使人产生心理情绪变化的，不是这个人自身的行为，而是外界某种信息的刺激。所以，①②不能做主语。

从上面的分析来看，这个句子应该是一个二重复句，第一层面的第二分句的主语是省略了的，补充出来就是：

在中国，从道士听论道①，从批评家听谈文②，（这些道和文）都令人毛孔痉挛，汗不敢出③。

其中，①②是两个动词性非主谓语，它们不需要添加任何主语都能表达一个明确的意思，具有自己特殊的结构统一体和语意自足性。（参见《中学语文教学》1990年第1期赵洪勋《怎样确定非主谓语作分句》）而③却是个省主句。因为"令人毛孔痉挛，汗不敢出"的，是"道士"所论之"道"和"批评家"所谈之"文"；这些"道"和"文"尽管内容不同，"论""谈"的形式也不一样，但它们的本质却是一致的，那就是恐吓革命、绞杀革命，怎么不"令人毛孔痉挛，汗不敢出"呢！这是后分句的主语承前分句中"论"和"谈"的宾语省，可简称承宾省。如果看不出这个承宾省，就会将该句误判为单句。这种省略，并非笔者的杜撰，而是一种活鲜鲜的语言实际。请看：

2. 河水卷起很多圆圈，（圆圈）渐渐扩大。（《中学教学语法系统提要》）

语言研究篇

3. 鲁迅有一篇很有名的小说，〔（这篇小说）①或（它）②〕叫《阿Q正传》。（黄伯荣，廖序东《现代汉语》431页）

4. 老栓看看灯笼，〔（灯笼）①或（它）②〕已经熄了。（黄汉生《现代汉语》126页）

5. 知识问题是一个科学问题，〔（科学问题）①或（这）②〕来不得半点的虚伪和骄傲。（胡裕树《现代汉语》354页）

6. 一九五九年英国人利基在东非坦桑尼亚奥杜韦峡谷发现了一个头骨，〔（这个头骨）①或（它）②〕定名为"东非人"。（杨亦鸣、张成福《中学新语法体系教学参考》360页）

7. 在牧场边缘的山脚下，你随处都可以看见一个个洞穴，这就是旱獭居住的地方。（《中学语文教学》1988年第3期钟湘麟《关于"A，这是B"形式的探讨》）

以上例句，都选自权威性书刊，并且大多数出自中学教材中的名篇，具有典范性。这些例句，除句7外，都是后分句的主语承前分句的宾语省。如果将这些主语补出，根据不同的语言环境，大致有三种情况：

1. 顶针式，即前一句结尾的宾语做后一句开头的主语。如句2、句4、句5之①。

2. 指代式，即用"它""这"等做主语与前分句的宾语构成复指关系。如句3至句6各句之②。为了说明这个问题，特举句7以做比较印证。句7虽不是承前省，但"这"却指代前分句的宾语"一个个洞穴"做后分句的主语，与句3至句6各句之②所补出的"它"或"这"具有同样的性质和功能。

3. 复指短语式，即用"这""这个"等加前分句的宾语（多位中心句）构成复指短语做后分句的主语，如句3、句6之①。

句1就属于第三种情况，在第一层面里，后分句的主语用"这些道和文"这个复指短语承前分句"论"和"谈"的宾语补出，这样，全句的层次关系就非常清楚了。对这个复句进行分析。可得出一个条件套选择的二重复句：

在中国，（无论）从道士听论道，（还是）从批评家听谈文，（这些道和文）都令人毛孔痉挛，汗不敢出。

加关联词，具有强调意味，如不加，则分析为承接套并列的二重复句。

很明显，这个句子有三套句子结构，它们分别处于两个不同的层面，构成一个二重复句，因此，它是复句不是单句。

（本文成稿于四川省盐亭师校，发表于《中学语文教学》1995年第3期，被《98'中国当代教育研究文库》评委会及华中师大《语文教学与研究》评为"全国语文教师优秀论文一等奖"。这次成书，略有修改。）

语言研究篇

教学语法分析要为准确理解文意服务

最近高三复习，发现高中《语文》第一册新教材第13页（人民教育出版社，1986年版）有一道练习题，教参做了如下分析：

好，‖〔就〕好＜在它点出了南郭先生的要害，在于一个"充"字。＞

我认为这个分析是不正确的。现初陈浅见如下，以求方家指正。

一、主语不当

这句的主语是"滥竽充数，这四个字"，不是"好"。

文章中的语法分析是为理解文意服务的，不能脱离语言环境为分析而分析。

这个句子的原句是：

滥竽充数，这四个字概括得好，好，就好在它点出了南郭先生的要害，在于一个"充"字。

这是一个二重复句，它们的主语是"滥竽充数，这四个字"。"滥竽充数"做主语就够了，为什么还要用"这四个字"呢？这不是重复累赘吗？为什么要用逗号把"滥竽充数"断开呢？

"这四个字"是复指予以强调，与"滥竽充数"构成复指主语。用逗号把"滥竽充数"断开，是为了突出"滥竽充数"这个成语。无论复指还是用逗号断开，都是修辞手段，并不影响我们对这句的句法分析，因此，我们应当把"滥竽充数，这四个字"作为一个整体看待。

第一分句概说"滥竽充数，这四个字""概括得好"，第二分句具体说"滥竽充数，这四个字"好在哪里，好在哪里是这个复句的核心内容，它揭示了"滥竽充数"的本质特征。教参把第二分句抽出来单独分析，却忽视了它的整体内容，把语意搞得支离破碎、难以理解。结合整个复句，第二分句应做如下分析：

（滥竽充数这四个字）‖好就好在／它点出了南郭先生的要害，在于一个"充"字。

很明显，这个分句的主语"滥竽充数这四个字"是承前省略。

二、分析方法不当

分析方法应该是分解法而不是压缩法。这个句子谓语中心语"好，就好在"是个因果关系的紧缩句结构，其因果关系是"之所以好，就好在……"既然是复句的紧缩语，怎么能用分析单句的压缩法呢？"好，就好"，与"之所以好，就好在……"的语意是大不相同的。"好，就好"，只是肯定它"好"，是一个意思完整的句子，后面不需再带其他成分。"之所以好，就好在……"语意未完，很明显，后面是要探究"好"的原因。由此可见，语法分析不能千篇一律，当用压缩分析法的才用压缩分析法，不当用压缩分析法的宜用分解分析法。紧缩结构做

语言研究篇

主干的句子适宜于分解法。原稿是框式图解，由于本人电脑无法作图，改为叙述分解法分解如下：

（滥竽充数这四个字）‖ 好就好在 / 它点出了南郭先生的要害，在于一个"充"字。

主语"滥竽充数这四个字"是承前省略；谓语中心语"好就好在"是个因果关系的紧缩句结构；宾语是"它点出了南郭先生的要害，在于一个'充'字"。而这个宾语则是一个主谓结构套主谓结构再套动宾结构的复杂结构。分析如下：

整个宾语是一个主谓结构：

它 ‖ 点出了 / 南郭先生的要害，在于一个"充"字。

其中"它"是主语，"点出了 / 南郭先生的要害，在于一个'充'字"是谓语。

谓语部分，"点出"这个词组是谓语的中心语，"南郭先生的要害，在于一个'充'字"是"点出"的宾语。

而这个宾语又是一个主谓结构：

南郭先生的要害，‖ 在于 / 一个"充"字

其中谓语部分是一个动宾结构：

在于 / 一个"充"字

这样层层分解下来，语意非常清晰。

三、"在"的词性确认不当，是动词不是介词

由上分析可见，"在"在此句中与"好"字结合得很紧密，具有实实在在的意义，它在这里的意思是表示事物的本质所在。

因此，它在此句中是动词而不是介词。

"在"的这种用法，语言学家早有论述。

吕叔湘主编的《现代汉语八百词》就认为，"在"可做动词，有"在于""决定于"的意思，"可带名词、动词或小句做宾语"，并举例"贵在坚持""学汉语难就难在一些虚词的用法不好掌握"。（吕叔湘《现代汉语八百词》572页）

"在"不仅自身可做动词，而且可以同它前面的动词或其他语词复合而成双音节动词。如"落在无产阶级肩上""好在大家都知道"。（胡裕树《现代汉语》1978年修订本306页）

《现代汉语词典》（商务印书馆，2002年版）也把"好在"列为一条语汇加以解说："表示具有某种有利的条件或情况：我有空就来，好在离这儿不远。"如果按教参的分析，"在"就是一个介词，介词是虚化的，没有实在意义，这就失去了它表示事物的本质所在的动词性作用。它所构成的介宾结构（在它点出了南郭先生的要害，在于一个"充"字。）做补语，只起补充说明的作用，与它是为了探究原因的这一重点语意是背道而驰的。

再者，从"在"做介词的功能看，"在"在这里做介词处理也是不当的。吕叔湘认为"在"做介词的功用是表示时间、处所、范围、条件、行为主体等。（吕叔湘《现代汉语八百词》572~574页）而这句中的"在"并不具有这些功能。

四、误把逗号的修辞功能当作语法功能

逗号，一般都用来表达一定的语法功能，即具有一定句式结构的句中停顿。但逗号还有一个特殊的功能——修辞，即对内容的强调作用。比较"好就好在"和"好，就好在"，在"好"字后停顿，对"好"的强调作用特别明显。有些经典朗诵，为了突出某个字、词或短语的特别意味，往往在书面并没有标点的地方有意停顿一下，有的甚至要读成重音，就是这个道理。同理，这里的"好，就好在"，只有对"好"的强调作用，没有表示句式结构的语法作用。误将"好，就好在……"做主谓结构分析，恐怕与不了解逗号的修辞功能有关。

综上所述，教参的分析是错误的。

（本文1989年初稿于八角中学，修改于盐亭师校，2004年成稿于文同中学，因当时已退休，未投稿发表。）

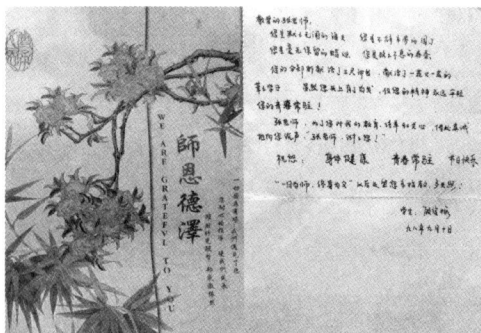

学生寄来的贺卡

高考语言试题标准答案要符合现代语法规范

王力先生曾说："我们应该注意两件事：第一，语法书永远只能就全民的语言实践的一般法则来加以说明，不能照顾个别作家的特殊癖好（甚至于是一时的疏忽）；第二，语法书应该注重语言的规范化，不能让个别作家的特殊语式和一般语法规律分庭抗礼。"并强调，从实践方面说，就是能使学生们根据"语法特点来正确使用祖国的语言"。（《汉语知识讲话》3第3页，上海教育出版社1987年版）我认为，这应该成为我们语法教学和高考语言试题标准答案的指导原则。如果把"个别作家的特殊癖好""特殊语式""甚至于是一时的疏忽"当作规范性的语言来考查学生，就流于文字游戏了，这是很不严肃的。近几年有几期高考试题就出现了这种情况，现列举出来谈谈个人的看法，以求方家指正。

1. 我本想这次能在家乡同你见面，回家后才知道由于你正忙着搞科研，不回来了。（1992年高考题4A）

2. "五四"时期现代诗人心目中"理想的完美的中国"，在国家观念上尽管包括了但又"超越了社稷和民族"。（1999年高考题2B）

语言研究篇

3. 他遇事不够冷静，甚至流于意气用事，使他的看法不能被对方接受，而这些看法本来可能是正确的。（2000年春季北京安徽高考题2A）

以上三题都是高考试卷作为正确答案（没有语病）的项来设计的。这几个题真的没有语病吗？

解析：

1. 我本想这次能在家乡同你见面，回家后才知道由于你正忙着搞科研，不回来了。

句1的问题是"由于"的滥用造成了结构混乱。句1是一个有语病的承接复句。全句我"本想"怎么样，回家后才"知道"怎么样，两句由"想"到"知"，应是承接关系。但"回家后才知道由于你正忙着搞科研，不回来了"不符合谓宾句的语法规范。这里"由于"作介词，原句谓语"知道"带的宾语是一个介词结构"由于……"，介词结构在谓语后面只做补语不做宾语；而"知道"这个动词是只带宾语不带补语，所以，"由于……"放在"知道"后是不符合现代汉语语法规范的。去掉"由于"，"你正忙着搞科研不回来了"这个主谓句做"知道"的宾语才符合语法规范。

可见，这个主谓句不加"由于"照样通顺。如果要加，就应加在"你"后而不是"你"前。因为"由于正忙着搞科研"强调的是你"不回来"的原因，而不是"你正忙着搞科研不回来"的原因。正确的说法应该是：

我本想这次能在家乡同你见面，回家后才知道你由于正忙着搞科研，不回来了。

因此，句1是一个有语病的承接复句。

如果认为"由于"在这里不是介词而是连词，句1又是一个有严重缺损的转接复句。因为与"由于"分句相照应的"所以"分句缺失了，把缺失部分补充出来就是：

我本想这次能在家乡同你见面，＜回家后才知道，＞由于你正忙着搞科研不回来了，所以未能相见。

变更后的这个复句的第一层次是转折关系，如在"回家后"前面加个"但"字就非常明显了。在此句的语境里，"回家后才知道"就应是解释性插说（这里用〈 〉标示），它不跟别的成分发生结构关系，因为，"本想这次能在家乡同你见面"，由于你不回来，所以未能相见，说明说话人回到过家乡，而且是在家乡知道"你不回来"，把"回家后才知道"删掉，并不影响语意的表达，它只是对"什么时候知道"做一个解释性的插说而已。把这个插说成分去掉，转折关系照样成立而且语义非常明确。试比较：

原句：我本想这次能在家乡同你见面，回家后才知道由于你正忙着搞科研，不回来了。

改句：我本想这次能在家乡同你见面，由于你正忙着搞科研不回来了，所以未能相见。

比较原句与改句，如果不跟上"所以未能相见"这个结果句，"由于"句就成了半截子话，只有跟上结果句，语意才完整。

语言研究篇

但这又违背了原句强调你不回来的原因这一语意重点。

综上可见，由于"由于"这个词的滥用，造成了这个承接复句的结构性混乱。

参考资料：吕叔湘《现代汉语八百词》第 556 页"由于"条（商务印书馆 1980 年版）；《汉语知识讲话》3 第 96～105页，连词部分"由于"条（上海教育出版社 1937 年版）；《汉语知识讲话》5 第 50 页《什么是插说》；胡裕树《现代汉语》第 365 页"因果关系"条（上海教育出版社 1979 年版）。

2. "五四"时期现代诗人心目中"理想的完美的中国"，在国家观念上尽管包括了但又"超越了社稷和民族"。（1999年高考题 2B）

《中学语文教学》1999 年第 8 期的《1999 年高考语文试题分析》中说："'尽管'是个连词，它有表示让步的意思，后面可以用表转折的'但'一类的词与它相呼应，现在 B 项正符合了这一要求，所以'尽管'一词在 B 项中用得很恰当。"

这个说法没有抓住句 2 的实质问题，即语意间的内在联系，只是从连词这个表面现象看问题，因此，这个解说是无说服力的。

句 2 并不是转折关系，判断是否转折关系，关键是要抓住语意间的内在联系。如果关联词语用得正确，可以强化这种关系，如果关联词语用得不正确，就会破坏这种关系。句 2 就是误用"尽管……但"这对关联词语。

前分句先说一面，后分句不是顺着前分句的意思说下去，而是转到同前分句相对、相反或部分相反的意思上去，这就是转折关系。

仔细品读句2，"包括了社稷和民族"与"超越了社稷和民族"之间，不是相对，也不是相反，而是在同一方向上的递进，其正确说法是：

"五四"时期现代诗人心目中"理想的完美的中国"，在国家观念上不仅包括了而且"超越了社稷和民族"。

因此，句2应该是递进关系而不是转折关系。

川东同志在《中学语文教学》1994年第9期发表了《致力改革，稳步前进》的文章，提到了句2"是一位学者在半个多世纪前说的"。胡念耕同志在《注意语言的时代性》（《中学语文教学》1994年第9期）一文就谈到这个问题。他说，"五四"时期有很多"有毛病的句子，现代汉语已经取得了长足的进步，变得更健康更纯洁了"，因此"在审查语言现象时应有历史的发展的观点，要注意语言的时代性"。以上观点说明，我们既不可"一概以今律昔"，也不可"以昔律今"，把今天看来过去那些"有毛病"的句子当作"健康纯洁"的话来考查我们今天的学生，这样，不是进步，只能是倒退。

参考资料：胡裕树《现代汉语》366页（二）转折关系（上海教育出版社1979年版）；周小青《转折的幅度和递进的方向》（《中学语文教学》1988年第6期59页）。

3. 他遇事不够冷静，甚至流于意气用事，使他的看法不能被对方接受，而这些看法本来可能是正确的。（2000年春季北京安徽高考题2A）

句3是一个三重复句，其中第一层是转折关系。这个三重复句毛病出在最后一个正句上。

从词义看，"本来"是"原先、先前"的意思，由于过去的事情都已成为事实，因此，从语气上看，"本来"表示的就是确定的情况。如"他本来就不瘦，现在很胖了"，表确切的否定；"他本来身体很瘦弱，现在很结实了"，表确切的肯定。而"可能"作为副词，表示"估计、也许、或许"的意思，是模糊的，不确定的。"本来"和"可能"这种确定的和不确定的矛盾组合，如果不是为了某种修辞需要的话，一般是不能这样用的。而"这些"在这里是全称的概念，泛指"他"的所有看法。如果说成"这些看法本来是正确的"，就肯定一切了，显然武断；但如果说成"这些看法可能是正确的"，由于"可能"的不确定性，就有三种情况：可能全部正确，可能全部不正确，可能部分正确部分不正确。转折关系的条件是两个分句之间的意思必须"相对、相反或部分相反"。如果"全部不正确"，与"不能被对方接受"之间就没有"相对"或"相反"的关系，在这种情况下，全句的转折关系也就不能成立。尽管这只是三种情况中的一种，但由此，也就否定了"可能"在本句使用的正确性。

可能有人会说，加上"可能"，才能更准确地说明是一种估计，不至于武断。既然如此，前面何必加"本来"呢？"本来"在这里是表示肯定的语气，加了"本来"，不就是对这种"估计"的否定吗？"准确性"又从何谈起？

也可能有人会说，这里的"可能"就是指"这些"中的"一部分是正确的"。既然如此，为什么不将"这些"改为"有些"，且去掉"可能"，使后句变成"而有些看法本来是正确的"呢？这岂不是既符合实际，又简洁明了吗？

还可能有人会说，是由于某种修辞的需要。修辞是为内容服务的，从句3全句的语气看，纯粹是一种客观的陈述，这就决定了本句所谓的修辞，必须准确地反映客观的实际。对于"准确"这一点，上文详尽论述，不再赘言。就表达思想感情来说，这句表达的感情是什么呢？一方面，是不赞同"他遇事不够冷静，甚至流于意气用事"的做法；另一方面又对他的有些正确看法"不能被对方接受"这件事感到遗憾和同情。但这种遗憾和同情，恰恰被"可能"一词破坏了。如果改为"有些看法本来是正确的"这一确定而又有分寸的说法，那么惋惜和同情的情愫就溢于言表了。可见，修辞说也是站不住脚的。

以上说明，无论从语法的角度，还是从修辞的角度，"本来可能"的组合都是不恰当的。

参考资料：吕叔湘《现代汉语八百词》58 页"本来"条；300 页"可能"条。

高考语言试题，是为了考查学生对国家现代规范性语言的掌握程度和运用能力，可这些试题，并不符合国家对现代语言的规范性要求。说实在的，现在中学生的常见语病都积重难返，高考试题如果能在常见语病上下点功夫，促进中学语文教学在纠正语病、规范语言方面取得突破，就已经是谢天谢地了，为

语言研究篇

什么要搞些两脚悬空、云里雾里、谁也弄不懂的东西呢？最近《中学语文教学》正在展开中学语文教学是否"误尽苍生"的讨论，我想，"误尽苍生"尽管讲得过于严重，且原因多多，但我们有些高考试题的误导恐怕也不能不是其原因之一吧！

2000年于文同中学

（该文原题为《高考试题不应搞文字游戏》，获盐亭县教育研究室2000年度教育科研论文一等奖，成书时首尾结构做了调换，并改为现题目。）

畅游仙海，师生同乐

"远方故乡"和"远方小镇"

习作课上，我巡查时，发现一位学生的诗歌题目是"远方故乡"。我给他指出这个题目不流畅，应加一个"的"字。他坚持自己的意见，说某诗刊上就有"远方小镇"这样的题目。诗作交上来了，原题照旧。我给他下了一个旁批："不流畅，不要生吞活剥别人的东西。"他却反批道"此语缪也"。虽然有些不服气和自以为是，但也直率得可爱。

本来，凭语感，"远方故乡"不流畅的毛病一读就会感觉得到，不需多说。因为语感，是比较直接、迅速地感悟语言文字的能力，是凭经验就能体会到的。正如老舍说："'张三李四'好听，'张三王八'就不好听。"（老舍《小花朵集》第35页）但这位学生却坚持己见，这就不得不让人重视了。

这里所谓的"不流畅"，就是读起来拗口，平仄不协调。该生之所以不服气，是因为有"远方小镇"这个题目作证。而"远方小镇"听起来却也和谐顺口，这是为什么呢？这就是语音的平仄在作怪。老舍说："'张三李四'好听，'张三王八'就不好听。"前者是二平二仄，有起有落；后者是四字皆平，缺乏抑扬。"远方故乡"是仄平仄平，一抑一扬，抑扬相间，按理应该顺口；"远方小镇"是仄平仄仄，按理是拗口的。但品

味这两个短语，前者却拗口别扭，后者反而和谐顺口，这又是为什么呢？这就还涉及节拍的问题。平仄是抑扬，节拍是顿挫。"抑扬顿挫"是联系紧密的一个整体，不可分割，它是汉语言的一个特点。这两个短语都是二二节拍，它们的整体效果关键在每个节拍的尾字音上，即二、四偶字的平仄上。如果这两个尾字音抑扬交错就和谐上口，如珠玉落盘，叮当悦耳，反之则单调板滞、逆耳拗口。近体诗强调"一三五不论，二四六分明"，就是这个道理。我们按节拍的平仄格式将它们变一下就看得分明了："远方故乡"是"◎平◎平"，而"远方小镇"则是"◎平◎仄"，前者节拍的尾字音一平到底，后者则抑扬交错，这就是"远方故乡"拗口而"远方小镇"顺口的原因。如果在"远方故乡"中加上一个"的"字，就将二二节拍变成了三二节拍。"的"字是轻声，属于仄声，这样就使一平到底的单调板滞变成长短错落而舒缓顺口了。

语言流畅是衡量学生语言水平的重要标准，人们往往只重视语法结构和事理逻辑，而忽视了或根本不知道语音方面的美感因素，这是值得我们注意的。

即使从语法结构说，"远方故乡"也不符合语言习惯。杨亦鸣、张成福的语法体系就指出："双音节名词作定语表示限制关系时要用'的'，例如'工厂的主人''外边的喊声'。"（《中学新语法体系教学参考》杨亦鸣、张成福编著，廖序东审定，中国矿业出版社1988年版，第192页）"远方故乡"中的"故乡"，是双音节的名词，当它限制修饰中心语"故乡"

时，就应当用"的"。"远方小镇"中也应当用"的"；不过，由于"远方小镇"是诗歌语言，再加音节的和谐，不用更好些。这说明，话语语音既有符合语言规律的规范性，又有随语境的变化而变化的灵活性。

（本文 1992 年成稿于四川省盐亭师校，于 1993 年 3 月 14 日载于湖北省教育委员会主办的《中师生报》第 181 期，原题为《一个可爱的反批》。为切合内容，改为现题，并做了一些删改。）

与学生的合影

语言研究篇

教材研究篇

"无是，馁也"之注值得商榷

高中《语文》第五册（人民教育出版社 1986 年版）《呆气》一课中，引用了《孟子·公孙丑上》的这样一句话："难言也，其为气也，至大至刚，以直养而无害，则塞于天地之间；其为气也，配义与道，无是，馁也。"

引文中的"无是，馁也"，课本注为："人如果没有这浩然正气，就要气馁。"这条注释，是错误的。

1. "无是，馁也"是省主句。省掉的主语，根据"难言也"这几句是针对孟子弟子公孙丑的"敢问何为浩然之气"而作的答来看，"难言"的判断对象是"气"而不是"人"，即"其为气也"的"其"，明确地说，就是"浩然正气"。清代学者毛奇龄《逸讲笺》对此句解释得很清楚："无是者，是无道义，馁者是气馁，道义不能馁也[①]。"这里的"气馁"不是现代汉语中的一个双音词，而是古代汉语中的两个单音词"气"和"馁"，它们在这里是主谓短语做宾语。因此，毛奇龄接着对"气馁"做了解释："道义不能馁也。"意思是说，"气馁"，是"气"没有"配义与道"的表现。从语法上来说，就是："馁"的主语是"气"而不是"人"；"无是"的主语也是"气"而不是"人"。

2. "无是"的"是"指"义与道"，"馁"是"没有力量"

的意思。上引毛奇龄的《逸讲笺》对"是"也说得很清楚。我们再看看两则资料：《中国哲学史资料选辑》对这句做了如下译述："义和道没有了，这气也没有力量了[②]。"杨伯峻的《孟子译注》译为："那种气，必须与义和道配合；缺乏它，就没有力量了[③]。"由上可见，"是"当为"义与道"。"无是"，就是没有"配义与道"。"馁"当是"气""没有力量"，而绝不是"人""气馁"。

3. "直养"和"配义与道"是异文互义，它使全句意脉贯通，凝为一体；如按课本所注，前后文章就不一致了。毛奇龄《逸讲笺》云："配义与道，此疏直养。"这就说明，这里的"直"有两个具体含义——"义"和"道"。前分句"其为气也，至大至刚，以直养而无害，则塞于天地之间"，是从正面说；正因为"直养"，"气"才"至大至刚"，这是"气"的力量的表现，是"气"的外在特征。后分句"其为气也，配义与道，无是，馁也"，是从反面说；这说明"义与道"（即"直养"）是"气"的本质属性，它非常重要，离开了它，"气"就没有力量，"至大至刚"也就不存在了。两个分句一正一反，相互映衬，就更突出"直养"——"义与道"这个本质属性的巨大作用，也说明"气"的力量之所在。如果按课本所注，则前后文意就不统一了："无是，馁也"的主语是"人"，而前面各句的主语是"气"，主语不统一；更为重要的是，"其为气也，配义与道"，后面还有话，应该回答"怎么样"的问题，但是由于"无是，馁也"的主语转换，这句就成了半截子话，使语

教材研究篇

意未竟。

综上所述，我们可以确信："无是，馁也"的主语是"气"而不是"人"；"无是"的"是"，应是指代前句的"义与道"，而不是"浩然正气"；"馁"，是指"气""没有力量"，而不是"人""气馁"。

注：①转引自清代焦循的《孟子正义》卷三第119页，中华书局1986年5月重印抗战前世界书局排印本，在《诸子集成》里。②《中国哲学史资料选辑》（中）第377页，中国科学院哲学研究所中国哲学史组编，中华书局1964年11月版。③杨伯峻《孟子译注》上册第66页。

1987年春初稿于八角中学，1992年完稿于盐亭师校。

该文是1987年作者在盐亭县八角中学教高三时于寒假期间写的，教学时仅仅根据语法结构和语言环境做出此判断。为谨慎起见，将这一判断写成稿件寄给当时已从我校毕业正在广西读中文研究生的姚德彬。接到姚德彬回信（见下）后，到盐亭书店和图书馆都找不到姚德彬的导师所推荐的资料，只好到母校绵阳师院找恩师陈朋教授帮忙。陈教授听了我的请求很热情，并指点说："写学术论文就是要论据充分、准确。光凭语境还不行，还要看前人的论述。你要求的资料我一定尽量给你找到。"此后，陈教授陆陆续续提供了相关古籍资料并做了指导，还将拙作发表于《绵阳师专学报》人文科学版1992年第4期上。

附姚德彬给我的回信：

说明：信尾三行字，是1990年暑期我正在研究陈教授寄来的资料时，突然接到绵阳市委宣传部来电，要我到市委宣传部教卫处找诸葛景端或何锡琼，以商谈参加市宣传部学校政工会议事宜，我顺手写下的联系地址和姓名。参见政工篇《中学生恋爱道德规范四六律》文末说明。

教材研究篇

巫山一段云·夕阳聚会

夕照霞中燕，怀归画栋间。依依羽剪畅呢喃，缱绻意流连。
弹指青丝雪，淋漓笔墨酣。誓将残岁付江山，不老气如兰。

绵阳师院中文 1977 级 2 班同学会

附

忆陈朋教授

我在四川省绵阳高等师范专科学校读书时，陈朋教授执教我们的古代汉语。同学们都为他教学的严谨和旁征博引所折服。1989年我在八角中学教学高中《语文》第五册《呆气》一课，对文中"无是，馁也"的注解有不同意见，便写了一篇质疑文章，寄给在我校毕业、后来又在广西读研究生的姚德彬。不久，姚德彬转达他导师的看法："你的观点完全正确。在囿于资料的情况下，能从句子结构和语言环境中得出正确的见解实属不易。你的观点在杨伯峻《孟子译注》、焦循《孟子正义》、周振甫《文论漫笔》已有论述。"然而，我校连图书室都没有，何来藏书？我到县文化馆去查找，也一无所获。不得已只好远赴绵阳找陈朋教授帮忙。

陈教授已经退休，但他仍然不辍研究，家里竟成了一个图书室。陈教授停下手中工作，热情接待了我，询问了我的工作情况，谈了做学问的一些方法，并招待我吃了午饭。陈教授一时无法帮我找到我需要的资料，但答应尽力帮我查找。后来，陈教授就我《"无是，馁也"之注值得商榷》一文一共给我写了四封信，其中一封仅摘录资料就达四页，还指导了学术论文的写作方法。陈教授不仅授人以渔，而且连细节也非常认真且尊重人。比如他在1989年10月14日给我的信中说："因为尊

教材研究篇

重你所用的标点，所以我改'分句'为'句'，后来又仍然改回来，所以有挖补。截取末一张纸笺，实行剜肉补疮，也算得趣事一桩了。"在我的稿件中，陈教授用这种剜肉补疮的方法做修改还有好几处。如此尊重地对待一个无名小辈的稿件，并且如此认真地斟酌取舍，还要保持原稿的整洁，实属罕见；在教育产业化的当今更是难以觅迹了，悲哉！

在陈教授的指导下，我终于完善了我的这篇文章，并发表在绵阳师专的学报上。为了怀念陈教授，特述往事以记之，并撰绝句以铭：

> 杏坛垂训哺饥雏，
> 沥血呕心容色憔。
> 休教不移国学志，
> 夕阳精血禀曹操。

2017年4月20日

后注：这是我在四川省绵阳师范学院（简称绵阳师院）同学会上的发言。我发言完毕，绵阳师院领导很感动，表示要将这篇发言稿向全校师生宣讲，号召大家都要学习陈朋教授的这种精神。

在绵阳师院同学会上发言

教材研究篇

从阅读鉴赏试谈文学形象的整体性

——兼谈《难老泉》的主题

　　文学理论很重视文学形象的整体性，无论是创作还是鉴赏。离开了对形象整体的把握，就不能真正了解文学作品的美学价值。只有把握形象的整体性才能创作出好的文学作品，也只有从形象的整体性去把握、分析、理解文学作品，才能提高阅读鉴赏的能力。现实的情况是，有些文学创作支离破碎，缺乏内在联系，让读者无法把握作品的整体形象及其内蕴；有的人阅读文学作品，又只抓一些只言片语去否定文学作品的整体意义。这些都是由于缺乏文学形象的整体性观念造成的。

　　这里拟从文学形象的整体性探讨如何阅读鉴赏文学作品的问题，以期纠补片面阅读之失。

　　形象整体，从阅读的角度看，一般都有三个层级。第一个层级是篇内形象整体，即一篇文章系统及其所显示出来的形象意义。第二个层级是背景形象整体，即文章的历史背景、写作时代背景、作者背景等，与篇内形象整体共同构成的形象意蕴整体。第三个层级是象外整体，即某个文学形象所概括出来的超越该形象自身的普遍意义。

畅游盐亭锦绣江城摄

形象整体即形象系统，它有三个基本要素：单元、联系（关系）、意蕴。单元，就是系统的各个组成部分，它是构成系统整体的基本单位，没有单元就没有系统整体。单元的内涵是随形象整体层级的大小变化而变化。第一层级的篇内形象整体，是以人物、事件、场面、环境、景物等具体形象作为单元，可称之为"形象单元"。第二层级的背景形象整体，则是以文章的历史背景、写作时代背景、作者背景等作为单元，可称之为"背景单元"。第三层级的象外整体，则是以某类社会现象作为单元，我们拟称之为"象外单元"。联系是单元与单元之间的纽带。各个单元按一定联系组成一个系统，就构成了一个完整的形象整体。而形象意蕴，则是形象整体的核心、灵魂。单元是第一位的，没有单元就没有联系。但有了单元，未必有紧密的联系。"一

教材研究篇

个和尚挑水吃，两个和尚抬水吃，三个和尚没水吃。"和尚越多，吃水反而越困难，甚至没水吃，这就是单元与单元之间的联系松散，以致失去了和谐的统一的有机联系。没联系就是一盘散沙，有联系就构成一个整体。可见，联系是三个要素中的关键。好的文学作品，作者都很注重形象单元之间的内在联系。否则，文学作品就只能形散神驰，失去它特有的美学魅力。

这种内在联系，不仅是文学创作所着意追求的，也是阅读实现的关键。所谓阅读实现，就是通过阅读，以实现作品储藏的功能潜力，或者说作品蕴含的意义；通过阅读挖掘出来的作品意义，往往超越作者创作时所拟设的主题。这种"超越"，往往有创新的意义，从而启发新的思维，开创新的实践。这是符合阅读思维规律的，正所谓"一千个读者就有一千个哈姆雷特"，这就是我们常说的形象大于思维。分析文学作品，只有抓住了这种内在联系，才能外统个别形象，内入形象意蕴，否则，要么是支离破碎的一知半解，要么是只见躯壳不见灵魂。同理，篇内与篇外的联系，象内与象外的联系，都是形象分析中由浅入深、由表及里、由此及彼应抓住的关键；否则，就不可能探求到文章蕴藏的奥秘，要实现作品储藏的功能潜力也就不可能了。

下面，笔者试以《难老泉》的主题分析为例，以抒浅见，求方家指正。

由形象单元之间的联系来探求文章的深刻主题

这篇文章,从游记散文说,晋祠,表现了我国古代文化艺术的悠久灿烂和劳动人民的智慧才能,是一个独立的形象单元。从托物言志的抒情散文说,晋祠,意在烘托陪衬唐叔虞这位贤君的丰功伟绩,它从属于桐叶封弟的故事,与桐叶封弟合为一个形象单元。由此,从托物言志的抒情散文看,《难老泉》有五个主要的形象单元:山西太原的变迁,难老泉(含水系及其风光),桐叶封弟(含晋祠),柳氏坐瓮,张郎分水。这五个形象单元之间构成了三个层次的有机联系。

第一层次:难老泉和柳氏坐瓮、张郎分水之间的联系。难老泉的"青春常在",绿满田园,是由柳氏、张郎那样的劳动人民,勤劳勇敢,不怕牺牲,用生命换来的。

第二层次:第一层次的形象单元(难老泉、柳氏坐瓮、张郎分水)与桐叶封弟的联系。从表层看,柳氏坐瓮、张郎分水两个故事都发生在晋国,与桐叶封弟之间是领属关系。从深层看,这三故事形成互补关系:唐晋之所以兴旺发达,一方面是由于有叔虞那样的贤君,"发挥了自己的智慧和才能,领导农民改良农田,兴修水利,发展农业,使人民生活逐渐安定富裕";一方面是由于柳氏、张郎那样的劳动人民,勇敢、不怕牺牲、艰苦奋斗的结果。这二个故事,互为补充,相辅相成,分别从领导者和人民两个方面,完整地表现了唐晋兴旺发达的两个根本原因。

教材研究篇

第三层次：第一、二层次与山西太原的变迁的联系。现在的山西太原是古晋国的发展和延续，更是中华民族的缩影。开头写山西太原，后写晋国，这就把"难老泉"置于上下三千多年的广阔历史背景上来省视它所包含的意义：领导者的智慧和才能，与劳动人民的勤劳、勇敢、不怕牺牲的精神，是中华民族几千年来青春不老、繁荣昌盛的源泉。

从上可见，"难老泉"有两个象征意义，"难老泉"之"泉"，象征中华民族智慧、勤劳的崇高品质和勇敢不怕牺牲的精神，"难老泉"之"难老"象征国家民族的青春不老、繁荣昌盛。前者是因，后者是果，在文中融为一体，贯串首尾。尽管文章跌宕起伏，错综曲折，但它始终脱离不了"难老"及其"源泉"（即"难老泉"）这条主题线，使"难老泉"这个象征物与"难老的民族源于难老的精神"这个象征义吻合得天衣无缝，从而赋予"难老泉"这个题目更深广的意义。正因为作者对"难老泉"有如此深刻的体会，才会在"一天经历了三十个世纪"的游览中，感到"最难忘的还是'难老泉'"。

作者的这个观点，有一个孕育发展的过程。从《春秋多佳日》到《难老泉》（以下简称《难》），体现了这一过程的轨迹。在《难》写成的一个多月前的 10 月 1 日，作者写成了《春秋多佳日》（以下简称《春》）。文章这样写道：

只要在那样的日子里，到天安门前广场，投身到成万成十万的兄弟姊妹的海洋里，或者行进在同志们战斗的行列里，接受人民领袖的检阅，你就会感到无尚的幸福和光荣。看红旗飘扬，听礼炮雷鸣，跟大家一起齐声欢呼，你也会感到满怀雄心壮志，浑身充满了力量。这种感受是非常宝贵的。若把这种感受保持下去，天天用饱满的热情，喷涌的干劲，从事学习和工作，那样度过一冬一春，或者一夏一秋，你就可以拿足以自豪的成绩，迎接另一年同样的节日了。这样半年，一年，自强不息，后浪推前浪，胜利接胜利，时光不会老，人也将是永远年轻的。（着重号系笔者所加）

　　看，"人民领袖"和劳动群众结合在一起，就会产生"饱满的热情"和"喷涌的干劲"。"时光不会老，人也将是永远年轻的"，这个观点，和《难》文是何等相似。如果说这个观点在《春》中是萌芽，那么，在《难》中已汲收了新的营养，成长为枝繁叶茂的大树了。

从背景单元看《难老泉》的深层意蕴

　　这篇文章的写作目的，按相关资料的说法，是激励全国人民艰苦奋斗，克服"三年困难时期"的困难，迎接新的胜利。然而，文章更深层的含义我认为不仅于此。如果我们想深入一步：既然是针对"三年困难时期"的，为什么作者不直接点明，而要如此委婉地表达呢？为什么不写"三年困难时期"的晋祠和当时已经干涸的"难老泉"，而要写"五年前"充满生机的晋祠和"五年前"喷涌不息的"难老泉"呢？为什么不写"三年困难时期"的山西太原，而要写"五年前"蒸蒸日上的山西太原呢？为什么不写"三年困难时期"山西人民的生产生活，而要写柳氏坐瓮、张郎分水这样的古代传说呢？带着这些问题，我们回忆一下当时的背景，就会对这篇文章所蕴含的意义（不论作者是否确立这样的意义）有更深刻的理解了。

《难》这篇文章作者为什么不在 1956 年游览难老泉后的当时写呢？如果在当时写，可说是"触景生情"而发。但这篇文章写于 1961 年冬，而且文末明确写到："到现在五个年头过去了，'永赐难老'，记忆还是新的。"结合当时的背景来理解这句话，文章就不是"触景生情"而发，而是"合为时而著"。这"合为时而著"，正是作者借昔鉴今创作意图的反映。由此，文章更深的意义也就显现出来了。

为什么"五个年头过去了"，作者觉得记忆还是"新"的呢？这"新"，并不是与"旧"相对的概念，而是因刺激深刻而永志难忘。这深刻的刺激，蕴涵在有字的文章和无字的空白的对比之中。这个"无字的空白"，就是文章无以言说的"五个年头"。

现代阅读学认为，阅读是作品和读者的桥梁，要实现作品储藏的功能潜力，就要通过阅读去填补作品的空白，去阐释那个被西方学者称之为"空旷结构"的神秘世界。我们把这个空白填补出来，从时空上说，就会发现这个对比有两方面的内容：一是古今对比，一是昔今对比。

托物言志的文章，多采用蕴藉含蓄的手法，如象征、鉴照等。鉴照又有正照和反照。正照可以以正照正，以反照反。反照则是正反相照，或以反照正，或以正照反。本文用的是反照。反照大致有三种情况：借古照今，借彼照此，借昔照今。借古照今者，如《念奴娇·赤壁怀古》，借三国周瑜的建功立业，反照作者自己的一事无成，从而表达对当权者的不满和抒发壮志未酬的感慨。借昔照今者，如《百合花》，借"不无悲凉地思念起战时的生活和那时的同志关系"，反照当时人们失去信任，渴望肝胆相照、生死与共的同志情谊。（黄宗顺《简论开放性的主题教学》，载《教学月刊》1990年第6期）借彼照此者，如《白杨礼赞》，借赞北方军民的团结一致、积极抗战，反照蒋介石反共反人民的消极抗战。《难》这篇文章就采用了借古照今、借昔照今的鉴照手法。

本文的借古照今，就是借古代唐叔虞的创业成功，反照"五年"中特别是"三年困难时期"某些现状。前者顺应客观实际取得成功，后者违反客观实际遭受损失，以顺应客观实际取得成功鉴照违反客观实际遭受损失，这就是本文的借古照今。

本文的借昔照今，就是借1956年的欣欣向荣，反照"今天"遭受的"严重挫折"。

总之，文章无论记述历史、叙述传说、还是描绘往昔，都是为了暗照"三年困难时期"这个"今"，借此呼唤正确的政策、反映人民的心声。

由上可见，吴伯箫是以唯物辩证法的观点来看待"三年困难时期"的。"三年困难时期"，有成功也有失败。正如他在《从实际出发》中所说，不仅要"从实际出发办学，从实际出发编教科书"，还要"从实际出发处理一切事情"。笔者认为，《难》这篇文章，就是吴伯箫"从实际出发处理一切事情"的

教材研究篇

体现。我们可以想象得到，当他写"到现在五个年头过去了，'永赐难老'，记忆还是新的"的时候，短短20个字，细细品味，包含了多么深刻的内容和丰富的感情。真可谓"其文约"而"其辞微"啊！

从象外单元看主题的普遍意义

主题的普遍性，又叫主题的泛化，也就是主题的普遍意义。《难》整体形象的本身告诉我们：晋国兴旺发达的根本原因，一是贤君的正确领导，一是人民群众的艰苦奋斗。由这个文学形象联系到社会生活，大到国家、民族，小到行业、单位，无不如此。这样，《难》这篇文章所体现出来的认识价值就具有三个层次。一是使人们认识到了，中华民族几千年来，古老而又难老的根本原因，是由于很多著名领袖人物的正确领导和人民群众的艰苦奋斗。二是由这个个别上升到一般，使人们认识到一个普遍性的真理：任何国家民族的兴旺发达都要靠领袖人物的正确领导和人民群众的艰苦奋斗，二者相辅相成，缺一不可。三是，再由这个一般到个别，用以认识指导我们各行各业的具体工作。这样，《难》的形象具有了高度的概括性。这种概括性，是形象整体性的一个重要内容。

形象单元之间的联系是多方面的，千变万化的。通过形象单元之间的联系去把握形象的整体和整体形象，要因文而异，这里只是举其一隅。形象整体的不同层级、层次或侧面，也要因文取舍，根据情况和需要，可就一个层级、或一个层次、或一个侧面阅读鉴赏，不是凡作品都要面面俱到。关键的是要学会抓住形象单元之间的联系，去把握、分析、理解文章的意蕴，这才是打开文章奥秘的一把钥匙。这里所说的"可就一个层级、或一个层次、或一个侧面阅读鉴赏"，与本文开头所说的"片面阅读"是有本质区别的。片面阅读是以局部否定整体。这种"可就一个层级、或一个层次、或一个侧面阅读鉴赏"可以叫作"局部阅读"。"局部阅读"是把局部当作一个小的整体，这个小的整体是对的就是对的，是错的就是错的，既不能以局部的正确否定整体的错误，也不能以局部的错误否定整体的正确，这才是正确的阅读方法。

参考资料：

蔡仪主编《文学概论》，人民文学出版社，1979 年版。

曹延华主编《文学概论》，高等教育出版社，1986 年版。

曲本陆主编《文学概论》，东北师大出版社，1988 年版。

黄宗顺著《简论开放性的主题教学》，载《教学月刊》1990 年第 6 期。

胡宗健著《阅读的可能性》，载《阅读与写作》1995 年第 1 期。

陈新著《中学生写作倾吐心理管窥及教学导引》，载《中学语文教学》1995 年第 1 期。

1995 年初稿于病榻上，1996 年定稿于文同中学。

教材研究篇

师生重聚有感

分别十年念不忘，今朝聚会话衷肠。笑谈昔日风华茂，喜祝前程意气昂。
自古青年多俊杰，从来函文惜贤良。陈舟喜望千帆过，老树欣瞧万木昌。

盐亭师校 1990 级 1 班同学会

腐朽自私的"真诚"

——试谈周朴园对梅姑娘的"怀念"

  《雷雨》教学中提出一个问题：周朴园对梅姑娘的"怀念"是真诚的还是虚假的？如果是真诚的，为什么周朴园年三十晚上要逼走梅姑娘和自己奄奄一息的亲生婴儿？如果是虚假的，为什么周朴园三十年来还念念不忘已经"死去"的梅姑娘？这自相矛盾的现象如何解释？这是困扰教学的一个难题，不得不认真研究。

  从剧情看，周朴园将家从无锡迁到北方，按理说，新居有新居的样式，可他还保留着梅姑娘在无锡居住时的布置、装饰、家具，还保留着梅姑娘坐月时不开窗的习惯，还保留着他和梅姑娘同居时穿过的旧衣物，甚至不准下人到房间里去。梅姑娘"死去"已经三十年了，他还念念不忘要给梅姑娘修坟，按他的话说就是"为着纪念"梅姑娘。据此，不能否认周朴园对梅姑娘的怀念是真诚的。

  但"真诚"的性质也因不同属性而各异其味。"真诚"未必都是美的，它本身就有阶级的属性和道德的属性。从阶级属性说，剥削阶级标榜的"真诚"，未必对劳动人民有益。从道德属性说，善良而仁慈的真诚是美；腐朽恶臭的"真诚"是丑。对周朴园的"真诚"，我们既不能因他是剥削阶级的典型人物而否认其真诚的一面，也不能因其"真诚"，便否定他的伪善和残忍，而是要从剧本的具体内容深入到社会层面、人性层面、道德层面去分析研究，以获得对周朴园这个人物的本质的认识。

要弄清这个问题，首先得探讨他们的"爱情"基础。因为周朴园所"怀念"的，是三十年前他始乱终弃的梅姑娘，没有他和梅姑娘这个"爱情"基础，就没有以后的"怀念"。因此，他对梅姑娘的"爱情"基础，决定了他的"怀念"的性质。

周朴园和梅姑娘的"婚姻"并非明媒正娶，而是两人私下相爱造成的事实婚姻。在封建社会，非明媒正娶而同居，是违反家规族规和社会道德的，这就是所谓"乱伦"（悖乱社会伦理）。既然不符合社会伦理，为什么两人会相爱而同居呢？从剧本内容看，有两个原因。一是有青梅竹马之情。梅姑娘"是无锡周公馆梅公的女儿""无亲无故"，由此看来，梅家至少已是两代为奴了。梅姑娘是下人，由于长期服侍周家，和周大少爷有青梅竹马之情是很自然的事情，这是任何力量都不可狙灭的人性常伦。如果两小无猜而至相恋，那倒是幼稚无知时的一种真情，可算"总角之宴，言笑晏晏"啊。这时两人阶级的基因还没有爆发，基本上还是一种人性美的单纯表现。二是择偶标准契合。梅姑娘年轻貌美、端庄贤淑、善良温顺，正是男性择偶的标准，正如周萍、周冲爱鲁四凤。而周朴园家庭殷实，是梅家衣食之源，如婚姻成功，梅姑娘就有了终身依靠，这又是女性择偶的标准，正如鲁四凤爱周萍。应该说，这时两情相悦的爱情还是纯洁的。

可见，周朴园对梅姑娘这段爱情的"怀念"是有感情基础的，但这只是一方面。另一方面则是由于他在这以后的婚姻并不如意，使他产生了"新人不如故"之感。第一个是阔家小姐，"抑郁而死"；第二个是繁漪，性格如"雷雨"。这种"抑郁"的冰冷，"雷雨"的暴烈，不仅是对周朴园感情的"亵渎"，更是对他专制尊严的损害。他一回到家里，有的只是烦恼和苦闷。为了寻求精神的慰藉，自然会想起那位善良温顺、任他摆布而又给了他"幸福"的梅姑娘。而梅姑娘几代为奴，已经养成了温顺、服从的性格和善于侍奉人的本领，与后两位富家小姐的性格形成了鲜明对比。这对于颐指气使、高贵自尊的周朴园来说，自然使他获得肉欲和心灵的双重满足，以至梅姑娘"死去"已经三十年了，他还念念不忘。从这个角度说，周朴园的"怀念"应该是真诚的。

但这种"真诚"正好体现了阶级的属性，因为周朴园"怀念"梅姑娘的"真诚"是建立在阶级等级的基础上的。具体地说，梅姑娘是奴仆，连人身权、生存权都掌握在周家手中，因此周朴园对梅姑娘具有支配、掌控的地位，梅姑娘对周朴园只有服从和被支配的地位。两人无论人身还是人格都不平等。这一点，老年的鲁侍萍有深深的体会，虽然她还没有阶级的觉醒，只认为是"命"不好，但凭她多年的经验，已经有了充分的感性认识，所以竭力阻止女儿四凤到这样的人家去当侍女，也坚决不接受周朴园所开的五千元支票和要承担的路费。从上可见，与其说周朴园是对梅姑娘非常"怀念"，倒不如说是对他阶级强

权地位的支配欲与享受欲的"怀念"。因此，从这个意义上说，周朴园对梅姑娘的"怀念"具有明显的阶级属性。

这就是周朴园对鲁侍萍"真诚"的双重属性：青梅竹马的人性和不平等地位的阶级性。

以上是从两人的爱情基础和阶级属性分析。

我们再看当时社会对周朴园婚姻的制约。

在社会生活中，两性爱情，都是受着社会、阶级的制约的。封建婚姻历来是媒妁之言、父母做主。周朴园也不例外。周朴园对梅姑娘为什么不能明媒正娶？很明显是受到家庭的干预，也害怕社会的舆论。事实婚姻形成后，梅姑娘已经为周朴园生了两个孩子，按理说她至少应该是具有家庭主妇地位、掌握一定实权的"周太太"。但实际上，当时的她并没有成为"主人"，却仍然只是个"奴仆"；不仅只是供使唤，甚至连生存权都被剥夺。"三十年前，过年三十的晚上我生了你的第二个儿子才三天，你为了要赶紧娶那位有钱有门第的小姐，你们逼着我冒着大雪出去，要我离开你们周家的门。""刚生的孩子抱在怀里，在年三十夜里投河死的。"鲁侍萍这一血泪的控诉，彻底地揭露了周家的伪善和残忍。周朴园是大少爷，是那个家庭未来的接班人，那个阶级的代表，配偶的选择决不会随他自己的意志而转移，是要服从他那个家庭和阶级的意志的。因此，即使他对梅姑娘是真爱，由于梅姑娘是下人，会直接影响他的名誉地位，必为家庭和本阶级所不容；周家赶走与周朴园有感情基础的梅姑娘而为他另娶两位富家小姐就成为必然。

同时，一定阶级的人，不同的人生阶段可能有不同的人本属性。随着年龄的增长，阅历的丰富，环境的变化，有些人的婚姻观也会随之变化。如果有了家庭的担当，特别是阶级的担当，阶级的基因必然爆发。青年懵懂无知时的周朴园不等同于有家庭和阶级担当时的周朴园，一旦两性爱情威胁到自身的名利地位和家庭及阶级的利益，他就会做出牺牲对方以保护自身利益或本阶级利益的选择。

　　曹禺在谈他的《雷雨》时说："我出生在一个官僚家庭里，看到过许多高级恶棍、高级流氓。……有一段时期可以说是和他们朝夕相处。因此，我所写的就是他们所说的话，所做的事。"曹禺塑造的艺术典型是基于当时中国的社会现实的。

　　这就是周朴园对梅姑娘始乱终弃的根本的社会原因。

　　在社会生活中，两性爱情，还受着道德观的支配。

　　从人性的角度说，梅姑娘的天生丽质，对于情窦初开的周朴园来说，他除了爱的一面，还有占有的一面。爱美，是人的一种审美本能。爱美不等于占有美，占有美是对人性的践踏，是人性恶的一种表现。对于周朴园来说，这种爱美与占有美的交织，开初很难区别，因为它是以文明的温文尔雅的形式表现出来的。傅立叶对这种文明的流氓揭露得非常深刻，"侮辱女性既是文明的本质特征，也是野蛮的本质特征，区别只在于，野蛮以简单的形式所犯下的罪行，文明却赋之以复杂的、暧昧的、两面性的伪善的存在形式"（转引自《中学语文教学》1997年第1期第40页）随着情节的展开，周朴园占有女性美的本质就

教材研究篇

逐步显现出来，成了矛盾的主导方面。梅姑娘处于被赶出周家的困境，作为"丈夫"和"父亲"的周朴园不但不为梅姑娘的命运和亲骨肉的生命抗争，担负起自己应尽的责任，反逼她出门以至跳河自杀，这哪里谈得上是对梅姑娘的"爱"呢？这已经把"爱"变成了对梅姑娘的一种占有、玩弄，在满足自己的生理、心理需求之后就抛弃，这时，周朴园对梅姑娘的"爱"已经发生了质的转变，其性质就由青梅竹马时单纯爱恋的善，转化为由家庭和阶级本能决定的以占有女性美为不齿的恶。请注意，这时的周朴园充其量才二十几岁，如此残忍，足见其本质之坏！

但这种占有美的恶，阶级属性仅仅是它的一个方面。另一个方面则是其道德属性。既然是一种道德属性，就不是剥削阶级特有。《诗经·卫风》中的《氓》就有描绘："女也不爽，士贰其行。士也罔极，二三其德。三岁为妇，靡室劳矣；夙兴夜寐，靡有朝矣。言既遂矣，至于暴矣。"

这样的事在男权社会是一种常态，不仅旧中国如此，新社会也不乏其人。四川《文摘周报》1996年4月1日转载了一篇题为《被爱情毁灭的"新闻人物"》的文章，其大意是：彭崇君是重庆江北宾馆的副经理，是名扬全国的"年轻有为的改革者""山城女能人"，芳龄21，"年轻貌美""机敏活泼"，顽强干练。周兵是一个"因品行不端而两次离婚"，并因偷窃和勾引女青年等劣迹被几个单位开除过的临时工。有如此劣迹的人，仅凭他的"堂堂仪表""轻盈舞姿""谙熟的情场手腕"，征服了这位有一定地位和权势的女能人，并把她一步步拖下水，乃至贪污公款几万元。周兵在玩腻了彭崇君后，又寻花逐秀，勾上了一个更有钱的台商女儿，并以一封揭发信把彭崇君送进了监狱。周兵是在新社会成长起来的青年，品行尚且如此恶劣，更何况是在谈笑皆高级流氓恶棍、往来无正经好人君子的封建地主家庭中熏陶出来的周朴园呢！彭崇君是一个有一定权势和地位的女能人，尚且被一个污名劣辈之徒玩弄；而梅姑娘本身是一个善良幼稚又无任何人生权利的家奴，她在周朴园这种弱肉强食者手中，又算得了什么！因此，周朴园对梅姑娘的爱情，从本质上说是一种欺骗和玩弄。二者所不同的是，周兵出卖彭崇君连一点伪装都不要，而周朴园还要假惺惺地表示一点"怀念"，真可谓"高级恶棍、高级流氓"。

由上可见，周朴园对梅姑娘的回忆和怀念，只不过是对三十年前对梅姑娘的占有和玩弄的咀嚼和品味而已。以对女性的美的占有和玩弄的品味来填补其精神的空虚，只能是地地道道的自私和腐朽，这种怀念越"真诚"，其自私腐朽的毒汁就越透骨彻髓。也正因为如此，当鲁侍萍撕破了其"真诚"的面纱以后，他那虚伪、狡诈、冷酷和残忍的狰狞面目便暴露无遗。这种表面的真诚和骨子里的虚伪，便构成了周朴园性格的复杂性。

综上所述，成年后的周朴园和未成年的周朴园的爱情观是不同的。成年后的周朴园，由于对家庭和阶级的担当，其爱情观具有明显的阶级性。从以阶级属性为基础的爱情观来看，周

教材研究篇

朴园对梅姑娘的"怀念"不可能是真诚的，但从他以后的婚姻的不如意来看，它的"怀念"又确实是"真诚"的。从阶级属性出发对梅姑娘的"爱"的虚假是对女性的美的占有和玩弄，其后对梅姑娘"怀念"的"真诚"，则是对这种占有和玩弄的咀嚼和品味；因此，无论是对梅姑娘的"爱"的"虚假"还是对梅姑娘的"怀念"的"真诚"，都是周朴园荒淫腐朽自私自利的本质的表现。

（该文 1998 年 2 月 10 日成稿于盐亭文同中学，获县教研室 1998 年度优秀论文一等奖，县宣传部、科协 1998 年度优秀社科论文三等奖，并参与 1999 年省中学语文教研论文交流且获好评。）

惜爱深深一小池，理趣幽幽载小诗

——杨万里《小池》赏析

南宋诗人杨万里作诗以"活法"著称。所谓"活法"，就是经过细致的观察，深刻的领会，将活泼泼的风景和生活场景捕捉到笔底来加以生动逼真地描绘，并且随着不同的感兴，别出心裁，别具新意。《小池》这首七绝，就是这种"活法"的有力表现。

"泉眼无声惜细流，树阴照水爱晴柔。"平常景物，到了诗人笔底，便有了人的生命和感情。首句一个"惜"字，写出了"泉眼"因"惜"而细水长流的质朴品格。因"惜"而"流""细"，因"流""细"而"无声"。这哪里是写泉眼，简直就是借写泉眼以观照中国农民俭朴的美德。几千年的中国农业社会，人们总结出了一条生活经验："细水长流，吃穿不愁。"而且低调，默不作声。这条生活经验和做人的美德，就被作者用"无声惜细流"五字，巧妙地化用在景物描写中。一个"惜"字，不仅赋予"泉眼"以鲜活的人性和美好的品格，而且为下面的诗句埋下了伏笔。

有惜才有爱，惜爱相生，自古皆然，所谓"心心相惜"，此之谓也。上句一个"惜"字，引出下句一个"爱"字来，写出了树阴对"晴"和"柔"的爱恋之情。一个"晴"字生出多少诗意来。"晴"而显日之朗照，"晴"而使树生阴，"晴"而使水如镜。有"晴"，树才能清晰地"照水"自鉴，风流自赏；水也才能借树添秀，倒影生姿，虚实成趣。"晴"又谐"情"，"情"系阴阳，"树""水"相恋，于是，"情"便生出"柔"来，"柔"便有了根基。这"柔"，有晴（朝阳）之"柔"，水之"柔"，树之"柔"。

为什么树也是"柔"的呢？杨万里的诗《新柳》可作为"树柔"的佐证："柳条百尺拂银塘，且莫深青只浅黄。未必柳条能蘸水，水中柳影引他长。"柳条"拂"而显"柔"，"柳影"随水波摇曳更显其"柔"（"引他长"），这岂不是对"树柔"最好的解释吗？这里的"银塘"，很可能就是本诗中的"小池"，两诗很可能是不同时间对同一境地的描写。盛唐诗人杜甫《绝句慢兴》："隔户杨柳弱袅袅，恰似十五女儿腰。"柳影倒映水中，晓风吹拂，柳枝摇曳，婀娜多姿，如十五女儿的腰肢，何等妩媚动人！

由于晴柔、水柔、树柔，便使"爱"有了生发的基础。而这三者中，又以"晴"为出发点。从下联看，此诗是写初夏，这"晴"非午晴晚晴而是早晴，初夏只有早晨的阳光才是温暖而柔和的。"树"对"晴"之"爱"，也就是对晨这一宝贵时光之爱。树因爱晨而照水，以妆点田园，美化自然，奉献出自己的妩媚和风流。这样，爱农家，爱田园，也就寓含在"爱晴柔"之中，又添一层理趣。

有惜有爱才有争，层层铺垫，引出下联。

初夏一早，阳光初现，小荷就"露"出尖尖角，何等惜时而争！这且不算，还有比它更早的蜻蜓，"早早"等在那儿，等小荷"才露"出一点"尖尖角"，就抢占光阴，"立"在"上头"，与"万类"生物"竞自由"，开始新的一天的生命旅程了。这里没有"惜"字，却照应首句的"惜"字，铺展开来，"惜"时而争的精神更进一层。"才露""早立"，寻常四字，被诗人一拈入此联，不仅"生擒活捉"到了瞬息即逝的自然物像，而且使小荷、蜻蜓的具象倍添神韵，形神兼备，熠熠生辉。"一日之计在于晨"，时光是何等宝贵，小荷、蜻蜓又为何不能像池"树"一样，惜时如金，只争朝夕竞自由呢？一个"才露尖尖角"，一个"早"就"立上头"，其"惜"之心，其"争"之态，可感可掬！

至此，蕴藏于生活中的幽幽哲理，就被这一颇具惜爱的"小池"风情，悠悠地流了出来。

（《小池》是中师《文选和写作》中的课文。）

1994年夏于盐亭师校

教材研究篇

《祝福》板示

　　右图说明，祥林嫂是生活在"封建礼教罗网笼罩下的整个黑暗社会里"，从而使学生更直观地理解文章的主题。底圈表示鲁镇这个典型环境，依次向上是夫权、族权、神权、礼教这四道绳索构成的"纬线"。与这四道纬

《祝福》人物关系图

线相交的，从左到右，依次是四婶、婆婆、贺伯、柳妈、群众、短工所织成的封建礼教的"经线"。其中四婶那条又粗又大，是经线中的主线，起着影响全局的作用。鲁四老爷则处在这经纬交织的网罩的顶端，具有操纵一切影响一切的权力和地位，是封建礼教的代表人物，是杀害祥林嫂的元凶。其他人包括他的太太四婶，既受他所代表的封建礼教的辖制和毒害，又反过来辖制和毒害祥林嫂，使祥林嫂无论怎样反抗，都"无所逃于天地之间"。这样一张网，浓缩了课文的全部内容，既表明了鲁镇这个典型环境中人与人之间的关系，又突出地揭示了祥林嫂悲剧的社会根源。

八角中学高87级同学会照片

教法研究篇

作文教法的探索与实践

作文教学要取得成效，方法很重要。从教二十多年，我对作文教学做了多种形式的探索，搞了"一题重练，突破一点，取得成功""调查社会，写实际生活""灵感作文""作文批改示范""互批互改，取长补短""典型类集评讲""教师作文示范""快速作文""引发记忆，再现表象"等教学方式。

最有成效的是"一题重练，突破一点，取得成功""作文批改示范""快速作文""引发记忆，再现表象"四种方式。我在八角中学任教时期，一次全校作文比赛中，我教的一年级，其一二类卷竟占了全部一二类卷的三分之二；拆卷后发现，给一年级评一二类卷的竟然是教毕业班的老师，（当时高中还实行的是两年制）这位老师感到很惊奇。之所以有这样的效果，就得益于"一题重练，突破一点，取得成功"。因为学生作文都是写他熟悉的人物事件。第一次作文后，选出好的和差的典型进行评讲，学生就知道差的为什么差，应该怎样写才好。在此基础上同题重作，往往有大量作品质量取得提高，而学生也因此获得成功的经验。

"作文批改示范"效果也好。其方法是选择比较好的有示范性的学生作文，把它刻印出来予以点评。左边刻作文，右边刻批改点评，包括标点、字、词、句、段、章结构，选材立意，修辞运用等。然后进行评讲：好，好在哪里，要评出鉴赏的美感；改，为什么要改，要改出知识的精准。这样的教学方式，学生收获很大，往往终生难忘。我教初中时就用这种方法批改评讲过学生张华茂的作文，她考入重点高中后回来给她的爸爸讲，她高中学的语文知识还不如初中时在张宗源老师那里学的知识多。但这种方法对教师来说很辛苦，老师需要付出更多，必须要有吃苦的精神才行。可惜这类批改示范材料由于几次搬家已经遗失。

　　"快速作文"教学模式，在中南中学教学研究会等三家学会联办的快速作文比赛中，荣获 1993 年教师组快速作文教学与研究成果一等奖，该教学模式示范作文《中学生的潇洒》（1994年），获全国中学生快速作文教研成果一等奖。"快速作文"的方法，书店有成书出售，此处不做介绍。

　　本书后部分着重介绍有资料保存的两种方法：一是"引发记忆，再现表象"，这是我在盐亭师校教学时的成功经验；一是"教师作文示范"（即教师写"下水文"），后文收集整理的是我在八角中学任教时的资料。

引发记忆，再现表象

学生写记叙文感到最困难的是缺乏材料。他们成天在学校里，能有多少时间和精力去观察自然、观察社会呢？学校生活该算熟悉了吧，但也是"不识庐山真面目"。究其原因，是因为学生对学校生活已习以为常：对于习以为常的东西往往心不在焉，熟视无睹，无所谓细心观察的。细心观察是有意识记，有意识记的东西，其保持一般是长久的；心不在焉而熟视无睹是无意识记，无意识记的东西，其保持一般是短暂的。学生一方面没有多少有意识记的表象，另一方面，对大量无意识记的表象又很快遗忘，这就是学生写记叙文材料匮乏的根本原因。根据记忆信息的加工原理，要使学生在作文的有限时间内很快获得材料，就得设法通过刺激学生大脑中隐藏的长时记忆，引发出平时无意识记忆中曾经引起过他们兴奋或兴趣的短时记忆，再现这些记忆中的表象，取米做炊。

一九九二年上学期期末，为迎接市中师统考，学校安排我抓一年级的作文训练。在有限的几个小时内，要学生训练完《文选和写作》第二册七个单元的作文知识，并取得成效，谈何容易！我除了抓住体裁和重点举一反三外，主要运用"限时快速，多次反馈；引发记忆，再现表象；披荆找矿，理璞得玉"的方法来教学。我运用这种方法进行教学取得了好效果，一年级作文期末统考成绩名列全市第一。下面以写人的记叙文为例，谈谈具体做法。

第一步（第一课时），指导。分三个环节。先用10分钟提目的要求，并用范文引路突出重点，如人物个性、事件本质、具体描绘等；再用10分钟让学生选自己熟悉的人和事打腹稿；最后25分钟由学生口述腹稿，老师则听评引导。

第二步（第二课时），作文。分两个环节。前35分钟，学生根据上节的腹稿和老师的听导，修改充实，书写成文；后10分钟学生四人一组，互相快速浏览（不批不改），推出典型作文（好的差的）交老师批改并选出范文。

第三步（第三课时），修改。分两步。先用20至30分钟由老师评讲（其中，关键地方写得不好的要提出具体的修改意见，还可由学生讨论），之后由学生或互评，或互改，有的甚至要求重写，以达到"断其一指，取得成功"的目的。

这三步归纳起来，有以下几点：

1. 限时快速，多次反馈。限时快速，就是指每一个环节的任务都要在限定时间内完成，以加快速度、提高效率。多次反馈，是指在由"老师指导，学生口述—老师听导，学生习作—老师评讲，学生改作"等步骤组成的训练过程中，老师和学生、学生与学生之间多次互相反馈，修正错误，以达到预定的控制目的。快速还包括反馈应快。前两步是连课完成，第三步最迟也得在三天内完成，才能使学生在最短的时间间隔中，

教法研究篇

通过信息的多次反馈，修正和加强控制中的信息编码，以达到最佳的学习效果。

2. 引发记忆，再现表象。这就是第一步最后 25 分钟学生的"说文"和老师的"听导"，这是最关键的环节。1991 级 4 班是我上作文课的第一个班，由于事先没有设计这一环节，而按老方法讲解作法、读范文就把时间用完了，结果学生的作文仍旧空洞无物，形象不具体，缺乏个性而千人一面。发现了这个问题后，我立即思考如何解决这一问题，于是在其他班增设了这一教学环节，又在 4 班按此返工，结果，效果大不相同，学生一般都能描写具体、有一定的人物个性，形象也比较鲜明了。这说明这一环节至关重要。

比如，一个学生口述我校冯绍普老师教学文选的情况，其中的外貌描写很有个性特征："斑白的头发，古铜色的四方脸，说话南腔北调……"但开了头后，后面就说不上串了。我抓住开头这个很有个性特征的形象启发学生去回忆联想。

"'斑白的头发'说明了什么？"

"年纪大了，阅历深，他给我们上课总爱摇头晃脑，像三味书屋里的那位老先生……"

"'古铜色的四方脸'说明了什么？"

"饱经风霜，吃苦耐劳，做事棱角分明……比如为训练我们的能力，他的胃病犯了，但星期天都不休息，赶五六里路来辅导我们……""他一直关心着我们文学社，给我们辅导，改稿。就是住院了，也念念不忘我们的工作……"

"'说话南腔北调'说明了什么？"

"他想说普通话又说不好，引人发笑。"

对同学们的回答，我也笑了。但我觉得他们看问题有点肤浅，于是转而问道：

"国家规定，45 岁以上的教师可以不讲普通话，冯老师已50 多了，本不会讲普通话，却坚持学用普通话讲课，这说明了什么？"

"说明他并没有摆老资格，而是严格要求自己，用实际行动给我们做出了表率，精神很感人……"

这时，我心里有说不出的高兴，引发成功了！

之后，我要求同学们按照这种方法，根据自己文章的内容去引发记忆，再现表象；再将这些表象加以归类、筛选、挖掘、深化；再根据各自不同的主题，构思出新的文章，做到中心明确集中，个性鲜明，形象具体。结果，学生写出来很多形象生动的文章，有学校、农村、工厂，有老师、同学、其他人，真是五彩纷呈，百态千姿，令人欣喜。前文中描述冯绍普老师的作文《我的老师》就是其中之一，习作者贾宗军是 1991 级 4 班的。我上他班第一节作文课，缺少"说文，听导"这一环节，导致第二节课作文时，贾宗军整节课都未写出一篇文章来。后来我按"说文，听导"进行教学返工后，他按时完成了作业。文章通过"我"的心理变化过程既表现了"我"由表及里、去伪存真的认知过程，更表现了"冯老师"那种忠于教育事业、严格要求自己而执着谦逊的美德。

3. 披荆找矿,理璞得玉。荆,是指见惯不惊的寻常现象;矿,就是这些现象中不寻常的人和事;璞,即假象;玉,指被假象掩盖着的闪光的思想,如冯老师普通话讲得不好是璞,而里面隐藏着的执着谦逊的美德是璞中之玉。这种方法,对于学生培养唯物辩证思维、透过现象看本质的能力很重要。以上三个要点中,"引发记忆,再现表象"是关键,也是作文指导中的难点。

1992 年夏于四川省盐亭师范学校

(本文载绵阳市 1993 年《中师教研通讯》第六期,获中南中学教学研究会教研论文一等奖。)

董味甘的评审意见:

这是一篇介绍作文教学经验的文章,有较强的实用性。

全文介绍作者实践成功的心得:主要运用了"限时快速,多次反馈;引发记忆,再现表象;披荆找矿,理璞得玉"的方法,从效用印证,确乎是经验之谈。

全文从现象到本质,善于提炼升华,找出了带规律性的东西;表述时观点材料扣合紧密,大大增强了文章的实践意义。

1993 年 8 月 3 日

石鼎风的评审意见:

"引发记忆,再现表象"是引导学生写作的切实可行的教学方法,作者注意从心理学的角度去总结自己的教学实践。文章有理论有实践，具有可行性、可操作性的特点。

1993 年 8 月 6 日

附：

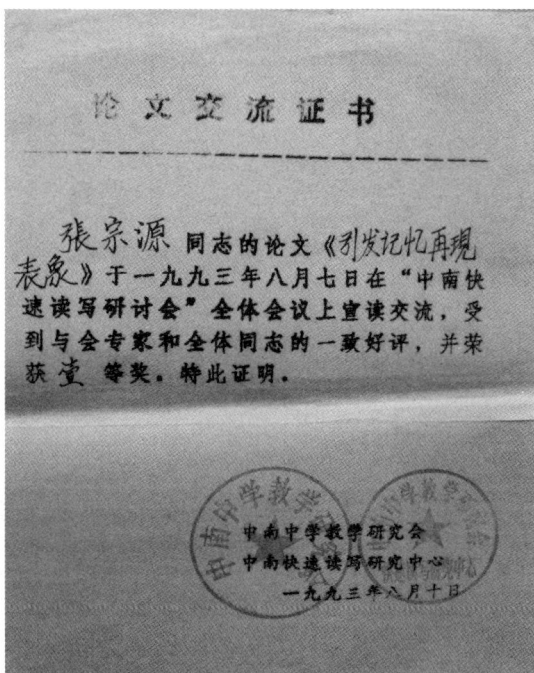

教法研究篇

八角中学、盐亭师校、文同中学学生祝张老师七十寿辰

晨光

——教师示范作文

　　我一气跑上山头，大口大口地呼吸着。一股股润湿的气流渗进肺里，清凉清凉的，香幽幽的，像吸着甘甜的橘子露，像喝着醇香的葡萄酒。

　　突然，晨光来了！从东方，一壁墨黑的群山峰线上，一帏灰白的边天垂暮中。晨光这位水墨山水画的巨匠，明明是漆黑一团的大地，她只用灰白的色彩一倾一泻，就勾画出了山川的轮廓：横亘着的"一"字体的群山，渐渐露出了锯齿形的峰峦；场镇、校园、村舍、田野，模糊在仙境中，隐约可见；一条弯弯的溪流，像仙女拖着的飘带，长长的，反射出淡淡的银光。

　　骤然间，钟声响了，急促——缓慢——飘渺。

　　一刹那，校园的灯全亮了，门窗洞开，像闪烁着无限智慧的眼睛。

　　急促的哨声过去，操场上黑压压的一大片，像一块巨大的矩形钢锭铸在中央。接着，钢锭像熔化了似的，分成几支铁流，一支径奔山头而来，一支直插盐金公路而去，一支在校园内川

教法研究篇

行流动。"咔嚓咔嚓"的脚步声合着"嘀嘀嘀"的口哨声，嵌在柔和的晨光中，像五线谱上的音符，抑扬顿挫；又像电子琴的余音，悠悠袅袅。

啊，晨光，你是一支昂扬奋进的号角，催醒了场镇，催醒了村舍，催醒了山川原野；雄鸡长鸣，群鸟喳喳，炊烟袅袅，锤声叮当；一派生机勃勃的景象。

看，晨光走得更近了，那魁伟的太阳神，从峰峦簇拥中笑眯眯地探出头来，红光满面，她神气地把头晃了晃，顿时，灰白的天幕幻成万重红霞，如飞焰横天，似熊熊炉火。这时，眺望四周——阳光照处，千峰万岭黄金甲；群山起伏，金鞍铁马浩烟霞。啊，多雄奇的峰峦！我站在这山峰上，也像身披黄金铠甲的威武战士，驾着一匹高峻矫健的赤鬃战马，在奔驰，在飞越。

山下，绿野碧川，像一位待嫁的山村姑娘。虽然太阳这位宽厚仁慈的母亲还来不及亲吻她，但霞光却带来了这位母亲的慈爱，把她打扮得眉清目秀，多姿多彩：漫坡苍翠，像山村姑娘浓艳的眉黛；溪流熠熠，像山村姑娘明媚的秋水；稻波涟涟，像山村姑娘羞红的笑靥；绿禾皱缬，像山村姑娘轻盈的衣衫。看着这一切，你会被她的丰姿深深地迷住，永远爱着她，和她结为终身伴侣。

突然，收操钟声响了。随着钟声，俯瞰校园，一支支铁流聚拢来，又分散开去，像溢满大地的水。溪边弯弯的线柳，操场边森束的慈竹，道旁茂密的万年青，房前屋后苍郁的香樟：

错落有致，俯仰生姿。星星点点散着的花园里，花草千姿百态，争奇斗艳。这些青树翠竹、红花绿叶，点缀着灰砖青瓦、白壁红檐，使这所山村中学，在简朴中显出几分艳丽，大方中露出一派文雅，空旷中隐着无穷幽静。啊，真是天造地设之工，鬼斧神工之妙！

青山绿水就令人心旷神怡了，在这青山绿水的一隅，坐落着一所幽静的学校，更称得上人间福地，令人神往了。在这块圣洁的地方育人，在这块圣洁的地方铸造灵魂，这是何等神圣的使命！于是，一股澎湃的激情涌上心头，我回到了校园。

这时，阳光的笔头已经扫向山脚，给青润的山沟抹上了淡红的一色。校园的风光，在晨辉的润饰中，更显得生机勃勃了。一根根壮竹，俯身躬腰，亲切地抚摸着株株嫩竹的头，像在倾心交谈，又像在谆谆教诲；一支支幼笋，笔直向上，张开了一片片叶尖，像满脸朝气的青年在倾谈自己的理想心愿，又像求知欲旺盛的新一代在洗耳恭听。棵棵香樟，直立挺拔，精神抖擞；那壮阔的身躯，压倒一切的气概，使我想起了这所中学那些辛勤耕耘的园丁。

虽然他们的平均年龄不过三十岁，和这所才复办的中学一样年轻，但他们却以中国知识分子特有的毅力、锐气，在极简陋的条件下，极艰苦的环境中，开辟着荒野，培育着幼苗，只短短几年的时间，就桃李满园，果实累累，谱写了一页页新的篇章，开辟了一道道新的征途，成了教育园地的一支

教法研究篇

新花。

书声，琅琅的书声，这是知识的歌声，智慧的歌声。歌声在晨光中摇曳，在晨光中荡漾。现在，我已分不清哪是晨光，哪是歌声；它们已经融为一体，充满了活力，充满了生机。这些聪颖的花儿，大概是寻到了她们化身的所在吧，难怪那样专注地倾听，甜甜地微笑，感动得流泪。

我被这些花儿的激情感动了，浸泡在她们的喜悦里。嗅着她们那丝丝缕缕的幽香，就像聆听着一曲曲虚畅（注）的琴调；耳闻那郎朗悠悠的书声，就像欣赏着一首首清绝的诗韵。这情调，这诗韵，注入晨光中，和晨光一起共鸣，是那样的宽宏，那样的高远，像铿锵的鼓点，像嘹亮的军号，催人上进，促人奋发。

我整个身心都熔化了，熔在这美好的晨光中……

1986 年秋于盐亭县八角中学

载于广州出版社 1998 年出版的《中国教师范文精品》（高中卷），列于抒情散文单元首篇。编者做了如下简评：“情景交融，寓意深远。只有对自己的学校、对教育事业深深爱着的人才能写出这样好的文章。感情是抒情的前提，没有感情文章就难免苍白、平庸。但是，仅有感情也不行，还必须细心观察，认真体会，将自然景观和人文景观融为一体。”

注：虚畅，出自宋代王禹称的散文《黄冈竹楼记》：“宜鼓琴，琴调虚畅，宜咏诗，诗韵清绝。”《中国教师范文精品》（高

中卷）编辑给我改为"舒畅"，不确切。虚畅，用于描写虚无缥缈的物质运动状态；舒畅，多用于描写心理感受。

师生同游绵阳香草园摄

教师作文示范

教师作文示范，一般用于写景抒情的作文。对于学生来说，与写人叙事的作文相比，这类作文难度很大，没有相当的知识积累和经验积累很难写好，写得好的最多就是一个片段或一些句子。比如在八角中学教高中《语文》第一册的散文单元后，要求学生写一篇写景抒情的作文。同学们第一次都没有写好，评讲后又重作还是不理想，于是我就亲自写了一篇给学生做示范。写作前我连续观察了三个早上，边观察边用心感受想象边构思，第三天中午用一个午休时间一气呵成，当天又连夜刻印出来赶上第二天评讲，就是这篇《晨光》。

学子含泪吟，行人驻足听

——示范性朗读教学的尝试

大堰河，含泪地去了！

同着四十几年的人世生活的凌侮，

同着数不尽的奴隶的凄苦，

同着四块钱的棺材和几束稻草，

同着几尺长方的埋棺材的土地，

同着一手把的纸钱的灰，

大堰河，她含泪地去了。

随着录音机里那抑扬悲切的配乐朗诵，同学们都神情专注地跟着低吟着，有的竟偷偷地擦着眼泪；路过教室的老师，也被这动人的朗诵吸引住了，驻足谛听。同学们听了一遍不够，还要求听第二遍、第三遍，课后还要借磁带去翻录下来反复听。就连路过教室的老师也觉得够味，借磁带去放听欣赏。同学们总结说："希望这种教学方法能继续下去，这不但提高了课堂效率，而且提高了学习的兴趣，更便于记忆，增强了语感，提高了能力。"有的谈自己的感受："听这样的朗诵，简直是一种欣赏，能给人以身临其境之感。"有的谈自己的兴奋劲："自己也一心想朗诵成那个样，从而更加努力练读、模仿，达到了较好的效果。"这就是示范性朗读的效果。同学们就是在这样浓郁的美感氛围中和美的欣赏中完成学习任务的。就连平时最不爱学习的人，也深受这美的熏陶感染，每当预习新课时，就端坐在座位上，模仿着拿腔拿调地朗读起来。

大家都知道，传统的语文学习方法就是朗诵。过去是吟诵，如《从百草园到三味书屋》中的那位寿镜吾先生那样，不仅读的抑扬婉转，而且"将头仰起，摇着，向后面拗过去"。现在这种方法已经不用了，代之而起的是朗诵。但朗诵的基础是朗读。朗读好了，特别是用普通话朗读好了，就可跨越到朗诵的艺术水平。朗诵具有特殊的美感教育作用。实际上，有些课文需要的就是引导学生进行生动的情感体验，这是很多语文老师忽视了的。如对穷苦人民的悲悯情感，对反动派的憎恶情感，奋发抗争的激越情感，陶醉于风物的审美情感等。而这种情感体验，声情并茂的朗读或朗诵，胜过平淡无味的讲解。因此，朗读在语文教学中具有重要地位。但并不是每个学生都会朗读，更不是都会朗诵。我校所收学生大多数来自本县最偏远的大山区，那里学习条件很差，没有谁能用普通话朗读。除少数从文化比较发达地区来的学生懂得朗读的基础知识外，大部分学生所谓的朗读，只不过是念字而已；至于在朗读中去品味、联想、理解、深化的基本功能就更差了。因此，示范性朗读就具有了广泛提高学生素质的特殊意义。

如何进行示范性朗读呢？下面谈谈具体做法，以和同行切磋。

1. 教者亲自示范。要使学者昭昭，必须教者昭昭。因此，教者除了要有良好的阅读能力外，还必须有良好的普通话水平和较好的朗读能力。既然是"示范"，就得首先深入地理解课文，准确地把握课文的内容，入情入理地体验人物的内心世界，把握人物的情感波动，同作品中的人物同悲切共欢乐。在此基础上，再将他们付诸有声语言，读出抑扬（语调升降曲折），读出顿挫（节奏、停顿），读出感情（喜怒哀乐、悲戚忧欢），读出韵味（音乐美感）。否则，就不是"示范"而是"示泛"，不是朗读而是念读，既无情感又无美感。要做到这点，教师就得花更多的精力，付出成倍的劳动。比如话剧《屈原》中的"雷电颂"，买不到商品录音带，要学生读好这篇文章，首先气势上就到不了位，更何况这节散文诗的节奏、语调、感情重音相当复杂，不是一般的学生所能及的。我通过反复体味朗读，录制了"示范"磁带。课堂上一放，尽管音色不太好，但那铿锵的语调、洪亮的胸音、激昂的感情，有力地烘托了风雷电那摧枯拉朽的气势，渲染了正义与邪恶搏杀的悲壮气氛，使屈原那悲愤、刚强，既执着追求又爱憎分明的伟大形象凸现了出来，"给人以身临其境之感"，从而收到了很好的教学效果。

2. 指导学生示范朗读。这不仅使有一定朗读素质的学生迅速提高朗读水平，而且还使这类学生学得了一项专门的技艺。这正是素质教育所追求的。比如，我曾指导学生张平朗读《绿》，从字词重音，到节奏语调，从内容理解到情感体验，一字一句地指导，示读、录读、复录，经过多次反复，终于录制了一盒比较成功的录音带，就连长期搞电教的杜文怀老师听了都误以为是中央台录制的，非常惊奇。这次朗读实践，大大提高了这位学生的朗读水平，增强了她在这方面的专业自信心和兴趣，毕业后仅一年，她就被广播局录用做播音工作。由学生的朗诵作示范朗诵，更具有吸引力，很多同学听了都掌声雷动，惊羡不已，暗暗模仿，"想自己也朗诵成那个样"。在《雷雨》的分角色朗读中，文科班由于受示范朗读影响，非常地投入，基本上做到了"声情并茂"，收到了预期效果。

3. 充分利用国家制作发行的教学磁带进行示范性朗读，这是一种高质量的示范。要着重指导学生体会这种朗读对表达感情、表现人物、揭示内容、深化主题的作用，从而在对有声语言的美的欣赏中，去理解课文、学习朗读技巧。但这种磁带很少，要以这种磁带为龙头，以师生朗读为主体，两者结合。

4. 课内课外结合，普及与提高相结合，即既抓课内朗读，又积极组织或参加课外朗读活动，如校园诗歌朗诵、班级诗歌朗诵、节目晚会朗诵等。以少数带多数，又以多数促少数，普遍开展，共同提高。到了毕业期，那些山区地方不懂普通话的同学，其朗读也达到了一定水平。这样，既使普通话得到了普及，又促进了普通话水平的提高。

示范性朗读调动了不同层次学生的需求和积极性，使他们能以前所未有的热情积极参与学习，从素质教育的角度讲，这

教法研究篇

是很值得进一步探讨和研究的。

实际上，要真正朗读好，并不是一件容易的事情，就以第一条谈到的"阅读能力"和"朗读能力"来讲，就需要相当的功力和丰富的技巧，没有虚心的学习精神和艰苦的磨练是不行的。

2001 年于盐亭县文同中学

（该文获盐亭县教育研究室 1999 年度教育科研论文一等奖。）

师生情谊

适合山区中等学校的一种高效阅读法

前言

高效阅读，是时代的产物。现代科学技术的迅猛发展，使信息量成爆炸式增长。这就给我们提出了必须快速高效阅读的新要求。欧美一直把快速阅读作为高级人才的必修课。我国已把快速阅读作为培养学生基础能力的任务定了下来，在中学课本中编入了快速阅读的知识短文。

在中学语文界，首先取得快速阅读成果的，是北京铁路二中高级教师程汉杰老师。北京铁路二中条件好，有专门的阅读器进行快速阅读训练，而我校条件简陋没有这些设备。根据山区中等学校的实际，结合程汉杰老师的快速阅读法，我们创造了一种简易快读法——意群高效阅读法。

意群高效阅读法的好处：一是不受客观条件限制，如不用速读器，不增添任何设备就可进行。二是可结合语文课进行，不需另加时间，省时省工，一举两得。三是简便易行，一练就会。由于中等学校的学生都有一定文化知识基础，懂得语言的意义组块，因此一教就会，一学就懂。当然，会不等于熟练，懂不等于精通。要真正做到高效阅读，就要经过艰苦的训练，才能

由会到熟，由熟到巧，这就不是方法问题，而是意志力的问题了。

为了便于高效阅读的普及推广，特别是使山区广大中学生掌握这一新技术，我特地把它简要介绍出来，以供大家参考，更希望后来者进一步发展完善。

张宗源老师的获奖荣誉证书

一、实验报告

1991 年秋，我向盐亭师范学校提出进行高效阅读实验的设想，得到了学校领导的大力支持、老师们的有力配合、同学们的积极参与，使这一实验得到了较为顺利地开展。

从 1991 年秋到 1994 年春，我们进行了两年多的训练。其结果，举例说明如下。

1991年秋我从二年级接手1990级,接手后不久便开始训练。1990级1班,首次训练测查人均速度为589字/分钟,末次测查为625字/分钟,增长6.1%;理解率首次为36%,末次为64%,增长78%;阅读效率首次为212字/分钟,末次为400字/分钟,增长约89%。这个年级从二年级开始训练,起点较高,速度增长不明显,但理解率和效率增长较为显著,都将近一倍。我国快速阅读的研究者吕缜毅先生,对汉字的阅读速度进行了测定。他在《快速阅读》一书中指出:"一般的阅读,慢速在每分钟二百字左右,中速一般在四百字左右,快速则在六百字以上,最高可达八千字。"根据这个指标,上述625字/分钟,就算已达到一般的快读速度了。据研究,在快速的情况下,理解率以70%为宜。据此指标,64%的理解率趋近目标。根据以上两项指标的乘积所得的阅读效率的指标当为:$600 \times 70\% = 420$ 字/分钟。据此,1990级1班每分钟400字的阅读效率,已算基本达到目标。这个班有速度高的达到1875字/分钟的学生,有理解率达到90%的学生,有效率达到810字/分钟的学生。

1993年秋接手1993级新生。1993级新生开学后仅两个多月的训练,有的阅读效率就成倍增长。1993级3班的侯小倩,阅读效率由64字/分钟提高到336字/分钟,增长5.3倍。1993级4班的黄海容,由12字/分钟提高到241字/分钟,增长20倍。1994年10月13日下午课外活动,学校在大礼堂对我负责的高效阅读训练进行考核,全年级参加。参试者自愿报名,有1993级1班的陈伟,1993级2班的邓成德、何锦程、陈明。

每个人速读的材料均不相同。考核由语文教研组长、市县人大
代表冯绍普主持，有学校领导李明均参加，另一个是杨周勋（不
知是哪个单位的）。由冯绍普指定人计算时间，由他本人出材
料（一本新出版的小说《唐先生在狱中》，只有冯绍普本人看
过），要求试验者以自己最快的速度把这本书看完，然后回答
冯组长提出的问题。看来，冯组长是有备而来，事先也并没有
跟我商量。1993 级 2 班的陈明当堂试验，总字数 13000，用时
5 分 48 秒，阅读速度竟达每分钟 2240 字，理解率达 60%，记
忆效率竟达每分钟 1344 字。这得益于他们从一年级就开始训练，
起点低，所以增长率很显著。

高效训练，引起了学生的浓厚兴趣和强烈反响，我们把这
些反映归纳整理如下：

1. 在学习方法上是一个巨大的突破。它能使学生在短时
间内更快更好地掌握知识，花时少，效率高。用此方法学习其
他学科同样收到事倍功半的效果。（1990 级 1 班李杰、1990 级
3 班贾彦端的总结心得）

2. 锻炼了学生的阅读能力，提高了学生的读写水平。阅
读时注意力高度集中，积极思考，快速反应，这样，阅读速度
很快，且理解率也较高。（1990 级 3 班贾彦端、1990 级 1 班陈
顺军的总结心得）

高效阅读对我们有很大帮助，能提高我们的阅读水平，也
能提高我们的写作水平。（1993 级 1 班许秀琼的总结心得）

3. 发展了智力，使脑子灵活，看问题全面。（1990 级

2 班李小春的总结心得）

4. 培养了学生集中精力、认真思考问题的习惯。（1990级 2 班李小春的总结心得）

5. 培养了学生学习语文的兴趣。1990 级 1 班杜荣、张长勇说：“他们原来不喜欢文科，但通过高效训练，提高了他们的兴趣。”

6. 锻炼了人的意志。（1990 级 3 班贾彦端的总结心得）

7. 高效阅读是时代的需要。现代社会是一个快节奏、高效率的社会，我们这些时代的弄潮儿也必须培养自己高效率办事的能力，因此，开展高效阅读的训练是必要的。（1993 级 2 班王平的总结心得）

正是由于以上原因，同学们提出来很多很好的建议，有的建议还具有战略意义。如：“高效阅读应在教学中占有重要地位，应在教学日程中设高效阅读课，专门进行训练。”（1990 级 1 班熊琦的总结心得）“应组织训练机构，进行全方位的训练。”（1990 级 1 班齐云的总结心得）“应掌握理论，在理论指导下训练。”（1993 级 4 班胥执辉的总结心得）至于切实可行的建议，归纳起来就有十多条。

也正由于以上原因，相当一部分同学充分发挥了自己的主观能动性，用探索的精神进行快读训练。如 1993 级 4 班的赵芳说：“我认为开展高效阅读训练这一项活动，最主要的是要发挥自己的主观能动性。老师只能给你一把钥匙，给你阅读方法，具体运用则要靠自己。”因此，赵芳总结出了“专注、强记、思考、回视"的经验。在这个经验指导下，她的成绩由低到高成螺旋式发展。有的同学还汲取其他书刊介绍的快读经验为其所用，如《快速读写》第二期介绍的扫视法、跳读法、选择法、引示法、借助法等。1990级4班的杨本红，还利用日本加古德次的"神奇阅读法"进行训练。

有的同学还对自己的高效阅读经验认真进行总结，写出了确能反映自己的经验和成绩的文章。如1990级3班何颇写的《高效阅读提高了我的理解能力》，发表在《快速读写》第二期上。

高效阅读，作为一种科学阅读方法，它不仅仅是提高了人们的阅读水平，而且能提高人的整体素质。这里的整体素质，是指学生从事学习、工作以至以后从事教学的综合能力。下面，我们从学生的总结和书信中摘录一部分来加以说明。

磨刀不误砍柴工

贾彦端

我是一位爱好较广的中师生，对书法、美术、文学等都很感兴趣。我又是学生干部，除了每天要完成繁重的学习任务外，还要抽出一个小时（要求三个小时）完成书法函授学习的任务。还有文学社的编辑工作，还要坚持画画，再加上干部工作，成天忙忙碌碌，很多时候熬夜到十一二点,成了全校有名的大忙人。

……

我参加的书法函授学习，仅一本《书论全要》就厚达数百页，且全是古文，要想把它读完，不知要花多少时间。磨刀不误砍柴工。经过高效阅读训练，我运用整体程序阅读的原理，先快速阅读，了解全文大意，再从全文大意出发了解各段文意，再从篇段文意推断难句难词。这样阅读下来，许多问题就豁然开朗了。速度快，效率高，真有事半功倍之效。记得上学期快结束的一周里，我既要复习迎考，又因文学社即将出刊，要搞编辑工作，还要布置书画展室，和为学生会搞工作总结，真是"千斤重担一肩挑"了。然而由于高效阅读训练了我的速读能力，提高了我的学习工作效率，我并没有畏惧。课堂上，我抓紧时间，高效阅览课文和复习资料，主攻难点，期末成绩仍属全年级上等。晚自习我则给文学社审稿，写学生会的工作报告。中午和下午的休息时间则布置展室。试想，如果没有经过高效阅读训练，课内就完不成学习任务，也就挤不出时间搞其他工作了。高效阅读，使我节省了时间，提高了效率，顺利地完成了繁重的学校工作任务。

我尝到了高效阅读的甜头

杨飞雁

高效阅读的宗旨在于适应时代的需要，提高阅读效率。那么能否做到这一点？下面谈谈我的切身感受。

……

足资证明的是我实习中的一件事。我教的五年级一班一共有38个学生。有一天，我改了两次数学作业，一次数学练习册，一次作文，一次语文作业，写了一节教案，上了五节课。当我将这件事向办公室的老师们讲了后，他们惊讶不已，都把怀疑的目光投向我。可事实是无法抹杀掉的。我将数学作业给数学指导老师检查，她微笑着点了点头；教语文的何老师看了我批改过的作文上那准确的眉批、尾批后也非常放心了。也许有人怀疑我加班加点去干，可我一天三顿都回家吃饭，家离学校 9里路左右，哪有时间加班加点呢？这些任务都是在工作时间内完成的。

以上事实证明，高效阅读训练不仅有利于我们的学习，还有利于我们今后的工作。但是，要想获得这种能力，没有坚持不懈的自我训练是不可能的。如果连课堂训练都不认真，那就只能知道一些皮毛，不可能真正登堂入室，进入高效阅读这种神圣的殿堂了。

杨本红毕业后给老师的一封信

张老师：

您好！

好久就想写信与您，但都被繁忙的班务事缠住而不得如愿。今晚自习我用快速阅读法给同学们上了一节课，同学们听得入了迷，效果特佳！我在这兴奋愉悦之余，又想到了我的恩师、曾经互相默契站在一起的"同志"，于是乎，我不得不提起笔，向我的恩师畅述心曲。

张老师，学生此时有很多话要说，但是，却只能反反复复地咬着两个字"感谢"。没有张老师的谆谆教诲，没有张老师每一堂相当充实的课，没有张老师认真负责的态度，学生到达一个陌生的环境里，是不会受到相当的重视的。学生不愧的师范三年是几乎堂堂文选课认真踏实地学，就是这认真踏实的态度，使我在灵中旗开得胜。张老师知道，我在师范一直自学外语，由于灵中调来一个英语专科生，所以让我教初一语文，当班主任。当就当！教就教！在师范认真学文选的态度给我壮了胆。教师节后，柏梓镇文办派人到灵中搞教研，一堂课听下来，柏梓镇一位姓黄的老前辈，对我评价极高，认为我是"灵中后起之秀"。据说黄老前辈是专搞教研的，听课从来就十分挑剔，他的评价，对我是极大的鼓舞。

……

以上三位学生的总结或信件，有力地证明了，高效阅读对提高学生的整体素质有重要作用。这里要指出的是：杨本红说的是文选课，与高效阅读有什么关系呢？因为我们的高效阅读，是与文选课结合在一起的，文选课就是高效阅读课。更何况杨本红还是我高效阅读的得力助手呢！这就是他信中称我为"同志"的原因。

二、适合山区中等学校的一种高效阅读法

为了便于叙述，我实验的高效阅读法拟分为三个部分来进行介绍。上篇：意群快速阅读法；中篇：整体程序阅读法；下篇：精读法。意群快速阅读训练是基础，是难点；整体程序阅读训练和精读训练是提高，是深化。前部分侧重速度、效率，

教法研究篇

后两部分侧重理性思维能力的提高和深化。没有前者，就无所谓快速阅读；没有后两者，思维就失去了深度、广度、准确度，停留在浮泛粗浅的水平，高效就成了一句空话。所以，三者是一个互相联系、互相依存的整体。

上篇　意群快速阅读法

意群快速阅读法，就是以一定意义的语言群体为识别间距的快速阅读方法。所谓识别间距，又叫视域，就是每次眼停时所能抓住的材料。所谓快速阅读，就我们的训练而言，就是不出声、不动唇、连声带也不颤动（可用手指触摸喉结检查）的"摄影式"阅读（即在眼停的一瞬间将所认读的材料全部印入大脑），力争达到每分钟认读汉字一千字以上；它要求在感知全部材料的基础上进行检索，做到快速理解、快速记忆、快速想象，实现合上书就能基本回答所提的问题。

意群快速阅读分三个阶段进行。

第一阶段，短语阅读。它是以短语为识别间距的快速阅读。它要求在眼停的一瞬，从语流中灵活自如地切分出若干个短语，并将其一一映入眼中，这样从左到右，按短语组块快速地摄影式阅读。心理学研究表明，每次眼停一般可感知六七个汉字。因此，短语的切分，开初阶段一般在七个字左右为宜，以后随着训练程度的加深，可逐步增加短语组块中汉字的数量，为句子的阅读做准备。

这个阶段训练的难点是强化瞬时记忆。心理学研究表明，瞬时记忆的时间一般不超过一秒钟。如果瞬时记忆通过"注意"的强化就会转入短时记忆。但要把一篇文章的所有材料都通过"注意"强化下来一般是不可能的，然而有目的地去识记相关材料并强记下来，这又是完全能够做得到的。由上可见，瞬时记忆的强化有两个条件：一是有意识记（即有目的的识记），二是"注意"。训练中，一些学生只图快不求记忆，一篇文章浏览完以后，脑子里仍是一片空白，其原因就在这里。因此，阅读时明确阅读目的（如果是课文，则要了解课文提示和课后问题；如果是课外读物，则要明确体裁，掌握其阅读程序），并高度集中注意力，是强化瞬时记忆的关键。

第二阶段，句子的阅读。它是以句子为阅读间距的阅读方法。句子的字数往往比短语多，有时多至一行。因此，它要求视域呈线式覆盖，即视点落在句子正中，注视面要覆盖整句或整行的材料。换句话说，就是眼停的一瞬抓住这个句子的全部材料。这个难度比较大，必须进行艰苦的训练。

第三阶段，段落的阅读。它是以段落为识别间距的快速阅读。它往往涉及几行材料，因此视域呈面式覆盖，即视点落在几行正中，注视面要基本覆盖这几行的材料。它可以分为一目三行、五行、七行、十行、一页几个阶段进行。这个难度相当大，教学中一般只做方法上的指导，不做专门训练，而由同学们自己去练。因为这属于高层次的训练，就一个班级整体来说，个体差异很大，不适合于教学。如果个人天赋好，如前面提到的陈明这类人，通过自我训练、自我提高，那是完全可能的。

这种训练一旦成功，就能激发出记忆的特异功能，达到每分钟几万几十万字的速度。

以上三个阶段，应在前一个阶段的训练达到一定的技能要求后再进行下一阶段的训练，不要欲速不达。

课堂训练由老师掌握，一般要用测试题进行训练，方法如下。

1. 阅读时用读秒计时法。其方法是：老师发出"开始"的口令后，大家才翻开书阅读指定篇目（或课外阅读材料）。同时，老师开始计时，以 0.1 分（即 6 秒）为单位，在黑板上依次记下同学们已读的时间。如：

0 分　0.1　0.2　0.3　0.4　0.5　0.6　0.7　0.8　0.9

1 分　1.1　1.2　1.3　1.4　1.5　1.6　1.7　1.8　1.9

依次类推。学生快速读完文章后，立即看黑板上老师记下的最新数据，再除以总字数（由老师公布），即得阅读速度，其单位为：字／每分钟。

2. 在大多数学生看完训练材料后，才要求学生打开训练前发下的测试题并定时完成答卷（一般是 10 ～ 20 分钟）。答题时要合上书，凭记忆和理解答题，坚决不能看书，否则就达不到训练的强度和目的。

3. 答题时间到，不论学生是否做完，立即停笔。老师公布并讲解答案，学生对正，记下自己实际所得分，再除以总分100（每次训练总分设计为100分，以便于计算，当然也可例外），即为理解率。再乘速度，得阅读效率（字／每分钟）。

4．以上完成后即填好下表。

读秒计时法量化表

日期	篇名	体裁	字数	时间（分）	速度（字/分钟）	理解率（%）	效率（速度×理解率）

5．一个阶段或全程训练后，根据统计图表绘出阅读速度曲线图和阅读效率曲线图。

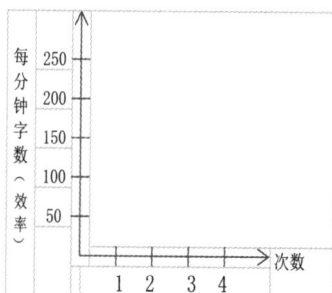

阅读速度曲线图　　　　　　**阅读效率曲线图**

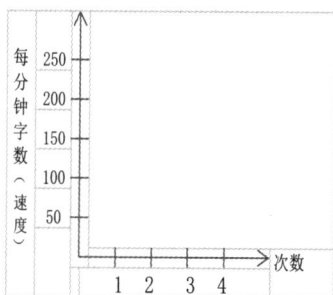

填表必须实事求是，才能保证可信度。根据图表，可以发现问题，改进方法，不断提高。

意群快速阅读，是侧重速度的训练，实践证明，教学阅读仅仅限于速度是不够的，关键还在于理解。因此，与之配套的还应该有精读训练。我们的精读训练分为两个部分：整体程序阅读训练和精读训练。

中篇　整体程序阅读法

整体程序阅读训练，就是从文章整体出发，按一定程序、步骤去认知、把握文章，并综合、升华，从而获得本质的规律性认识的阅读训练。它的理论依据是系统论中的整体原理和心理学上的定势理论。系统论的整体原理认为，任何系统的整体的功能，等于各孤立部分功能的总和，加上各部分相互联系形成结构产生的功能，其公式为：

$$E整 = \sum E部 + \sum E联。$$

因此，阅读文章，首先要感知文章的整体，然后从整体出发去分析理解文章，最后总结升华，以获得本质的规律性的认识，这才是科学的阅读方法。心理学上的定势理论，是指由于先前的活动而造成的心理活动的一种准备状态，使人在解决问题时带有一种倾向性。根据这一理论，我们把文章的阅读过程固定为几个程序，每次阅读时，都按这个程序去阅读，久而久之，这个固定的程序就会在大脑中形成"定势"，只要一看书，就会自然地、习惯地循着这几个程序去阅读，从而大大提高阅读速度和阅读效率。

我们先谈整体程序的系统框架。

（一）总体程序：整体—局部—整体

（二）分部程序

1. 整体认知（整体的表层感知）。方法：速读。

（1）文章标题、出处、作者、背景。

（2）文章基本内容（因文体而异，见后面的"各类文体程序阅读"）。

（3）文章特点（语言特点、写作特点）。

方法：限时速读，捕读（又称检索）。复视不能太多，注意记忆。一般不用秒读法，所定时间，应考虑大多数学生能读完而且基本能回答所设计的问题为度。阅读内容包括注解、提示和练习。

2．局部分析理解阶段（深层认知），其程序为：

（1）结构分析（分段分层）。

（2）内容分析（各段各层内容的具体分析与概括）。

（3）语言分析。

（4）表现手法或写作手法分析。

方法：精读。

3．综合升华（本质的、规律性的认识）。

（1）篇内。

①结构的内在联系。

②主题。

③语言特点和写作特点总结。

（2）篇外。

①演绎学习（或称下位学习），即用课文所学知识理论去学习其它类似文章，举一反三。

②归纳学习（或称上位学习），即从一篇或几篇文章中找出规律性的东西。

③比较辨析（或称同位学习），即几篇文章做比较总结。

方法：精读。

总体框架不等于具体文章的阅读，文体不同，其程序也不同。下面再介绍各文体的阅读程序。

（三）各类文体阅读程序

1. 记叙文的阅读程序。

（1）文章标题、出处、作者、背景。

（2）记叙文的六要素：时间、地点、人物；事件的起因、经过、结果。

（3）记叙文的顺序（顺叙、倒叙、插叙、平叙、交叙、环叙）。

（4）分析文章抒情、议论的作用，特别是揭示主题的作用；分析、提炼文章主题。

（5）语言与修辞。

（6）文章内容与形式的新奇点及启示或体会。

2. 散文的阅读程序。

（1）文章标题、出处、作者、背景。

（2）抓文眼。

（3）理线索。

（4）分析画面。

（5）体会感情。

（6）分析提炼意境。

（7）体会语言特点。

（8）概括艺术手法。

3．说明文的阅读程序。

（1）文章标题、作者。

（2）事物的特征。

（3）说明的顺序。

（4）说明的方法。

（5）语言特点。

4．议论文的阅读程序。

（1）文章标题、作者、背景。

（2）中心论点。

（3）论据。

（4）论证方法。

（5）结构及思路。

（6）文章的意义。

5．小说的阅读程序。

（1）文章标题、出处、作者、国别、背景。

（2）小说的场面、情节、细节。

（3）人物形象。

（4）情节和形象所反映的主题。

（5）艺术手法。

（6）语言风格。

（7）现实意义或启示。

6．诗歌的阅读程序。

（1）文章标题、出处、作者、国别、背景。

（2）辨体。

（3）识诗眼。

（4）分析画面。

（5）领会诗歌抒发的感情。

（6）分析提炼意境。

（7）语言风格。

（8）艺术手法。

7. 戏剧的阅读程序。

（1）文章标题、出处、作者、国别、背景。

（2）戏剧情节的发展过程（序幕、开端，发展、高潮，结局、尾声）。

（3）人物性格和人物之间的矛盾冲突。

（4）戏剧情节和矛盾冲突表现出来的主题。

（5）语言特点。

（6）戏剧艺术。

以上各类文体的文章，在实际阅读时可根据具体内容作适当取舍，设置 10 个小题，每题 10 分，总共 100 分，以便快速算分填表。特别是用整体程序阅读法进行自读训练，更需掌握这一点。实践中，我们发现有的同学自读训练时对设题记分感到困难，就是由于没有掌握这一方法。比如写人的文章，往往不止一个人或事，就可将人或事各列一项计分，如超过了十个题，就压缩一些不紧要的或太难的项，如一般作家就可省略第一项，语言特点艺术手法较难，就可舍去作为精读处理，因为这类往往属于鉴赏范围，需要一定的阅读积累才能转化为快速阅读的技能储备。但一定要精读体味，否则获益甚微。

下篇　精读法

精读是整体程序阅读的重要组成部分，有些还是意群快速阅读必须掌握的方法。从某种意义上说，精读才是教学阅读的关键所在。只有通过精读训练，才能达到叶圣陶主张的"教是为了不教"的教学目的，这对中师生以后的自学和教学都有重大意义。

（一）精读的方法

这里所说的方法是指"读"的方法，即对书面信息予以摄取的方法，不涉及思维方法。思维方法应融入精读的内容里面。精读的方法主要包括常用的通读、跳读、变速阅读、信息检索、回视等。

1. 通读，就是快速地浏览全文，整体感知，整体把握。这是快速阅读的首要条件。

2. 跳读，就是根据阅读的目的，跳过"无用"信息，摄取有用信息。

3. 变速阅读，就是根据材料的主次难易，时快时慢，不断变换速度的阅读方法。即次要材料或浅易材料，只浏览了解其大意，或只需提取其要点即可；主要材料或深难的材料则要慢速阅读。这种"慢"又有几种情况：

（1）披文寻理，寻找段眼文眼。

（2）对含义深刻或难于理解的词句，咬文嚼字，品味推求。

（3）前后复视（又称回视），厘清文脉，提取要旨。

这种变速阅读方式，就是速读与精读相结合。一味求快，不求甚解，是学习的大敌。做到当快则快，当慢则慢，当粗则粗，当细则细，才算懂得什么是快速阅读。

变速阅读的实质，就是实现快速阅读与快速理解的辩证统一，以求获得最高的阅读效率。所谓高效阅读，顾名思义，就是追求阅读的高效率。而阅读效率则等于速度乘以理解率。据研究，高效阅读中，理解率一般以70％为宜。如果能保持70％的理解率，那么速度越快越好。如果理解率大大低于70％，那么速度就不宜太快，应该降低速度，以提高理解率。两者应当协调发展，不应单方面地追求某一个方面的高数字。我们以1993级4班赵芳的训练来说明这个问题（见下表）。

赵芳同学的训练数据

次序	阅读速度（字/分钟）	理解率（％）	阅读效率(字/分钟)
一次	842	25	211
二次	241	71	171
三次	420	62	260
四次	335	65	216
五次	446	77	352

上表说明了三个问题：

（1）单方面地追求速度和理解率，都不可能获得最高的阅读效率，如一次和二次。

（2）本表明显地表现出赵芳同学自觉调节速度和理解率以求协调发展的轨迹。

（3）这种自觉主动的学习态度，终于在第五次训练时达到了她本人最佳的效果。

4. 信息检索，就是有目的地搜寻所需要的信息并将它从材料中提取储存下来。简言之，就是对信息的搜寻、筛选、储存。检索是高效阅读很重要的手段。高效阅读之所以高效，就在于它是根据目的需要，选取有用信息，舍去"无用"信息，从而以最少的时间去掌握急需掌握的内容，以实现高效的目的。可以说，不懂得检索，就是不懂得高效阅读。

检索根据不同情况可分为以下几种：

（1）按目的分，侧重于速读的训练，以记忆检索为主；侧重于精读的训练，以书面检索为主。

①侧重于速读的训练，要求在看完材料后，合上书，凭记忆回答问题，这就决定了它是记忆式检索。但这类训练强调的是速度，因此只需浅层次的理解（即掌握"客观事实"），不需深层次的理解（即发掘"隐含信息"）。

那么，浅层次理解的内容是哪些呢？就是各类文体的要素在文章中用文字符号表现得明明白白的内容。如记叙文中的人、事、景、情节、场面、线索等，说明文中的事物的特征、说明的顺序、说明的方法等，议论文中的论点、论据、论证方法等。以《绿》为例，作者的行踪为山边—亭边—潭边，瀑、亭、潭

的具体画面，观察点和景物之间的对应关系，观察角度等，就是浅层次理解的内容。这些内容在课文中表达得非常清楚，一看就知道，一记就能储存在大脑这个"信息袋"里，一旦答题，就能根据需要从"信息袋"里分门别类地筛选出相应信息，这就是速度训练中的记忆检索。

②侧重于精读的训练，要求在整体感知的基础上，在限定时间内，根据需要对书面材料反复研读，筛取有用信息，进行联想或推理，发掘其深层含义。因为它不是靠一次性阅读凭记忆答题，而是对书面材料反复研读，因此叫书面检索。比如研讨《绿》的意境，我们在感知前面瀑、亭描写的铺垫作用后，着重抓住文章第三段反复研读。我们会发现，段中"醉人的绿""奇异的绿"，就是表示义脉发展层次的重要语言信息。它前后出现两次，将全段明显地分为三个层次。分析各层次的景物描写，我们会发现景物意象顺着层次的发展越来越充满生机和活力。最后，必然抓住"舞女""歌妹""小姑娘"这几个最富表现力的形象，联系作者写作此文时的背景去思索、联想，就会发现这几个最富生机的意象，竟是朱自清自我形象的投影：才华横溢，风华正茂；充满进取和追求。这种深层次的理解，光凭一次性阅读是万万做不到的。这种对关键词语的摄取和反复品味思索，就是精读训练的书面检索。

（2）按性质分，教学阅读训练，以导向式检索为主；课外自读训练，以主导式检索为主。

①教学阅读训练的材料多是教材，而教材一般都有明确的

提示和要求，这就规定了阅读的目的和方向。学生按提示和要求阅读教材，就是导向式检索。比如中师《文选和写作》第一册的《三峡之秋》，课后有如下提示："熟读课文，看看全文是怎样按时间顺序安排的，各段时间各写了哪些景物，显出了什么特点？"根据这个提示，我们就可以从课文中很快提取出以下信息：秋天——成熟，早晨——明丽，中午——热烈，下午——平静，初夜——宁静，午夜——幽静。其中，初夜和午夜的特点原文中没有明确的中心语，要靠自己通过对画面意境的分析来归纳概括，其余的都是原文中能起"点睛"作用的中心语，只要圈点出来就能一下抓住。这就是阅读教学中的导向式检索。

②课外阅读的自练材料，没有课文那样的提示和要求，要靠学生发挥自己的主导作用，根据文章不同的体裁特点，凭自己的知识积累、阅读经验和认识水平去理解文章，把握重点，掌握特点，筛寻信息。即使是使用程序阅读法自读，其"程序"也只是大条款大原则，具体文章则是丰富多彩、千变万化的，还得靠学生根据自己的理解去提取信息，把握内容。所以叫主导式检索。

（3）按是否使用符号分，有符号式检索和心志式检索。

①符号式检索就是给所需的文字信息标记上一定符号，以便复读时检索。这是普遍采用的方法，所谓圈点勾画即此类。如上文对《三峡之秋》中有关词语的圈点勾画。

②心志式检索，即不用符号全凭记忆的检索。常用的方法

教法研究篇

是理解记忆，形象记忆，并配合相关信息在文中的位置来记忆。

以上方法在实际阅读中不是单一使用的，而是综合使用的。我们的教学阅读训练，就综合了记忆式（可与心志式合并）、导向式、书面式、符号式四种方式。

凡是阅读中要着重注意的问题都要进行检索，这就使检索具有了普遍性。凡是提取材料中某项信息的训练都是检索训练。因此检索的内容非常广泛，训练的形式也多种多样。学会检索，才能敏捷地提取要点，把握要旨，筛选有用信息，高效率地阅读文章。因此，它是高效阅读的一把重要钥匙。

5. 回视，又叫复视。即在速读过程中，对那些没看清或未理解的信息返回去再看。对回视目前尚有不同的看法。一般认为它是快速阅读的障碍，一旦形成习惯会产生负效应应当尽量避免。这话不错，但不能一概而论，应根据不同的训练目的和要求来决定。如果是以训练速度（含表层理解）为主，这个观点无疑是对的，确实不能掉以轻心。但如果是以训练精读（即深层次理解）为主，这个说法就是不恰当的，否则将把教学阅读导入误区，使人困惑迷茫而不知所往。实践证明，凡是通过学生自己钻研理解了的东西，记忆才特别深，有的甚至终生难忘。这种"钻研理解"绝非一次性阅读能奏效的，它往往需经过多次反复阅读品味才能完成。再从记忆规律看，必要的复视是必不可少的。心理学研究表明，瞬时记忆要通过"注意"的强化才能进入短时记忆，而短时记忆的时间一般不超过一分钟。要使短时记忆进入长时记忆（一分钟以上），其强化手段则是复述。

复述的特点就是通过对材料的反复认知来强化记忆。依此类推，复视当然也就是加强信息储存的必要手段了。

由上可见，复视可分为有益复视和无益复视两类。这样区分，就可避免认识上的混乱，也有利于指导训练。

快速阅读的特点是四快（快速浏览、快速记忆、快速检索、快速理解），不重要的内容一扫而过，只求知其大意；重要的内容放慢速度，需强记的暂停视读以强记，需理解的必须前后观照快速理解；全文看完后，如还不能整体把握，就需拉通前后内容，回视思索，做出整体性的快速反应。这一条很重要。有些学生之所以感到记不清，答不了题，除了试题偏深偏难外，不懂得变速阅读和必要的回视而一味求快，是一个重要原因。

（二）精读的内容要点

1．捕捉信息，抓中心词句和关键词句。

2．根据上下语境推断词义。

3．根据篇段文意理解句子的隐含信息或深刻含义。

4．梳理结构，概括段意，辨析思路。

5．形象的分析及概括。

6．情节的分析及概括。

7．主题的分析及概括。

8．语言技巧鉴赏。

9．构思技巧鉴赏。

10．表现手法鉴赏。

11．思想内容鉴赏。

教法研究篇

整体程序阅读和精读训练的试题设计，不同于意群阅读的试题设计。意群阅读的试题中，主观题一般是记忆性的，且占少数，而客观题居多。其原因在于意群阅读速度快，精读少，对文章的理解属于浅层次，深层次的问题一般是"只能意会，不能言传"，往往是对问题只有朦胧的认识而不能做出准确的回答，这时用客观题，学生就可根据自己的初步理解选择他认为准确的答案。

整体程序阅读和精读训练以主观题居多。因其采用定时阅读，时间比意群阅读稍长，有机会做检索分析概括。从中师生职业特点来看，要求其有一定的书面表达能力，要求对文章做准确的分析概括。因此，必须通过主观题的训练才能达到目的。

（三）训练的阶段性、渗透性、复杂性

意群快速阅读和整体程序阅读是高效阅读的两个不同阶段，前者侧重于速度，后者侧重于理解，这就是它的阶段性。但各个阶段的训练又不能严格地划分出楚河汉界。速度训练的内容应包括抓文章要领和根据语境推断词句含义的技巧，梳理结构厘清义脉的技巧，分析形象概括主题的技巧等。虽然这些训练内容不讲求系统性，但必须有所渗透。精读阶段要重视速度，更是确定无疑的。这是不同阶段的互相渗透。实践证明，最好的训练办法是测试训练，这种训练速度快效果好。但这种训练对教者来说又比较麻烦，加重了教师的负担；对学生来说也不经济。除了必要的测试训练外，一般可变通为口头训练；但有的学生又疏于思考，特别是应试教学积习的影响，严重地阻碍了这种简便易行的口头训练，配合不好，就不能按时完成任务。因此现实对课型设计又提出了新问题。

三、理论探讨——快速阅读的高效探秘

为什么意群高效阅读能收到立竿见影的效果呢？从认知机理说，我认为有以下几个原因。

（一）注意的专注性

注意的专注性，就是阅读时要保持注意的稳定性和紧张性。注意与需要、兴趣、学习环境有密切的关系。意群高效阅读，是信息时代的需要，是现代教学的需要，这与中师生今后从事的工作与立身于竞争社会有密切关系。学生明白了这个道理，就会产生积极参加训练以获得这种能力的迫切需要和浓厚兴趣。通过训练，学生尝到了甜头，又会产生一种欲罢不能的兴奋感，有的甚至产生了一种"着魔"的狂劲。这种需要、兴趣、兴奋感、狂劲，就激发出高度集中的注意力。更为重要的是，我们用测试的方法进行训练，造成一种紧张的竞争局面（学习情景），从而使学生产生注意力的高度稳定性和紧张性，它是意群阅读获得高效率的重要条件。

（二）认读的意义性

我们仅以第一级阅读——短语阅读来说明。它从语流中切分出来的是有意义的语群，而不是速读器那样机械的限定字数的无意义的语群，因此其认读是有意义的而不是无意义的。例如阅读下段文字，学生就会很自然地将它按七字左右分为如下

教法研究篇

形式：

　　山西的省会太原，／是一个古老的美丽的城市。／滚滚的汾河／从城西流过。东有东山，／西有西山，／北有卧虎，／南有鸡笼，／太原正好坐落在／一个肥沃的盆地里。

　　这些短语或句子，每个都是有一定意义的语言单位。根据记忆的心理特点，意义记忆比机械记忆速度快、效果好，而且理解也快，这就为阅读的高效奠定了基础。

　　这种意群阅读还便于自我的有意识的切分，因人制宜，充分发掘学生个人的阅读潜力。由于学生个人素质的差异，有的能力较弱，可将语段切分得小些，以后在自我训练中逐步加大。有的能力较强，可将语段切分得大些，并很快向以句子为识别间距的意群阅读跨进。这样，就可充分发挥一些学生的阅读优势，拔尖悬的，激励后进。

　　（三）思维的检索性

　　它体现在两个方面：主导式检索和应答式检索。

　　主导式检索就是不看测试题，而在整体感知的基础上，根据自己的理解跳跃式地复视材料，从中筛选出自己需要的信息，因此这种检索具有主导性和复视性的特点。教学阅读所用的文章往往是典范性的文章，特别强调理解。而复视检索对瞬时记忆和短时记忆起强化作用，这种强化了的信息更清晰更准确，从而更有利于大脑对信息的分析、综合、理解、储存。复视检索的过程，就是以记忆促理解、以理解促记忆的过程。这是教学阅读所必需的，特别是对一些深层次的内蕴的理解，更是一种主要手段。同时，由于这种检索是主导式的，它更有利于学生的训练，以培养学生对知识的迁移能力，对问题的发现能力、判断能力、分析比较能力，甚至创造思维能力等。

应答式检索，就是合上书，根据测试题的内容从记忆仓库中筛选出所需要的信息，其特点是受控性和记忆性。测试题与学生答题前的思维有一致的，也有不一致的，这就对学生的思维有导向作用和校正作用，这就是受控性。正是这种一致与不一致的矛盾，促进了学生更积极地进行思维活动，迅速从记忆里进行检索以寻得恰当的信息。

测试题要有适当的深度和难度，以避免阅读的浮而不入。这种深度和难度，决定了检索绝不是原材料的再现，而是将检索出的材料进行分解、加工、编组、融合、综合的一种复杂的思维过程。这种思维过程，是这种检索的根本特征，不论是主导式还是应答式，否则就不是思维的检索性。

（四）阅读的整体性

它有三个层面：认读的整体性，感知的整体性，理解的整体性。

意群阅读首先要认读，这种认读都是以有意义的组块为单位的理解性阅读，而不是以固定字数为组块的机械性阅读。最小的组块短语都具有意义的相对完整性，这就是认读的整体性，也是一种微观的整体性。

意群阅读更强调对文章整体的把握，这种整体是宏观整体。整体原理的教学观认为："首先需要从整体上把握问题，然后

教法研究篇

研究部分，以及研究部分与部分的关系，最后综合为整体以解决问题。"即"整体—部分—整体"。整体原理的意义在于："全体不仅是部分的总和，而且具有超然的连贯性与完整性。"即"整体大于各孤立部分的总和。"（查有梁《控制论·信息论·系统论》118页、115页，四川省社科院出版社1986年版）意群高效阅读就是从这个原理出发进行训练的。这个宏观整体表现在两个层面：感知的整体性和理解的整体性。

感知的整体性要求对文章从内容到形式都要有整体的把握。以议论文为例，要了解文章的中心论点、论据、论证方法以及结构、思路和语言特色等。它的思维形式是直觉思维，即在快速阅读一遍之后，无须经过分析综合，仅凭知识储备和经验储备对文章整体所做的直接的判断。这种判断虽然是表层次的轮廓式的，但却具有重要意义。我们的训练要求感知阶段是主导式的而不是应答式的。我们训练用的测试题，是在学生认真阅读理解文章之后才发放，而不是在此之前，并且要求当堂合书定时完成。这就要求学生在检索前充分发挥自己的主观能动性，凭自己掌握的已有知识和经验去感知把握文章的整体内容，这就是感知的主导性。这种主导式的整体感知是一种记忆式学习，也是一种发现式学习。没有快速的记忆和发现，就不可能在规定的时间内凭记忆合书答题。在这里记忆是重要的，发现更重要。"没有记忆式的学习，就没有发现式的学习；同样，没有发现式的学习，就没有记忆式的学习。"（查有梁《控制论·信息论·系统论》第114页）由此可见，"发现"是高效率的关键。

理解的整体性，就是分析综合必须遵循整体性原则，分析是整体中的分析，是分解整体中的部分及其联系；综合是部分及其联系基础上的整体性综合。因此，它是对文章本质及其内在联系的一种认识，这种认识是清晰的深刻的，是一种本质的飞跃。

整体性的三个层面本身又是一个整体——意群高效阅读整体；它们之间有密切的联系，离开了哪一方面都不行，因为整体性的认读和感知是基础，整体性的理解是深化。由此可见，整体性是一个重要特征，是从微观到宏观，从认读到分析综合，都体现出整体性。这就使意群阅读具备了高效率的强大优势。

（五）理解的高效性

意群高效阅读要追求的目标就是理解的高效率，而以上四个方面就是实现理解高效率的重要因素。注意的专注性，是理解的高效率的首要条件，没有注意力的高度稳定和集中，就不可能有高效率。认读的意义性，由于具备了认读的快速性和获取信息的意义性特点，就奠定了快速理解的基础。思维的检索性具有"短平快"的特点，从而提高了理解的效率。阅读的整体性，由于整体大于各孤立部分之和，这就形成了快速理解的优势：深广、准确、高效。专注、快速、准确是高效的核心，因此，前面四点就决定了理解的高效性。可以这样说，前四点是因，反映的是过程，第五点是果，表现的是目的。

四、快速阅读的发展观

快读—高效—优化，是快速阅读发展的方向。

万事万物都有它的发生发展过程。从日本加古德次的神奇阅读法来看，他训练的长江美子，阅读速度是相当高的，每分钟达 20 万字。但就理解来说，是浅层次的，准确说，长江美子的所谓理解，实际是指记忆。即使就我国第一个在教学中实验快速阅读并获得成功的程汉杰老师来说，他倡导实践的高效阅读，也存在着一个由快读到快读与精读相结合的过程。从他第一轮训练的教材来看，他的阅读法也侧重于速度、记忆和表层理解，深层次的内容多是通过讨论来解决的。直到 1993 年他出版了《高效阅读自学自练》，这本书侧重于精读训练，这说明，程汉杰老师通过实践，已摸索出了精读的训练序列，使快读与精读相结合的高效阅读，从蓝图走向了实践，从理想变成了现实。由上可见，我们所说的快速阅读具有两个层级。第一个层级是侧重于速度、记忆和表层理解，它是快速阅读的初级阶段。第二个层级，是包括速度、记忆在内的侧重于深层理解（精读）的快速阅读，它是快速阅读的高级阶段。这个高级阶段，就是程汉杰老师所说的高效阅读。因为"快"是高效的一个显著特点，快读也就常常成了高效阅读的代称。

但我认为，真正的高效阅读，应该是古今一切有效阅读手段的最佳组合。其中，快读是基础。在快的基础上，如需会意忘言，就采用默读与略读（浏览）相结合的阅读方式；如需记忆欣赏，就采用快读、精读、朗读、品读相结合的阅读方式；如搜寻某方面的信息，就采用浏览和检索相结合的阅读方式；如需专题研究，就采用博览、比较、精读相结合的阅读方式。一句话，就是根据不同的目的和任务，对阅读诸元素进行最佳组合，以求得尽可能高的阅读效率。

但快读发展到这个阶段并未结束。就教学而言，快读不仅是阅读手段的最佳组合，而且还有知识与能力的结合，教与学的结合，教学内容与时代信息的结合，是一个多元系统。它所要解决的就不仅是高效的问题，还有一个科学技术与艺术相结合的优化问题。在这个系统内，充分发挥各要素的功能及其相互联系所产生的功能，就会优化阅读效率，取得最佳教学效果。就教学阅读来说，这才是快速阅读要达到的最高境界。

如果人类从孩童起就开始进行快速训练（如儿童的速算训练），以激发人体的潜能，使快读普遍达到每分钟20万字以上，再加上其他一系列的智力训练，这样长期繁衍下去，形成遗传，再由遗传和实践相结合，地球人若干年后有没有可能成为小说电影里面那样的超智人呢？

由此，我们可以勾画出快速阅读发展的一个轨迹：

快读—高效—优化—神奇。

1994年8月于四川省盐亭师范学校

说明：本文的"快速高效认知机理"部分，曾以《意群高效阅读初探》的论文，登载于绵阳市教委师范处主办的《中师

教法研究篇

教研通讯》第五期，获中南中学教学研究会一九九三年教研论文一等奖，获县教育学会一九九三年教研论文一等奖。"意群快速阅读法""整体程序阅读法"两部分和"精读法"的要点，曾以《适合山区中等学校的一种高效阅读法》的经验文章，经盐亭县教体委审验（见附页章印），在1993年中南中学教研会交流，并获该教研论文一等奖。1994年，盐亭进修校语文教研室杨委全老师编著了一本名叫《高效阅读之友——"快读"加速法》的书稿，着重介绍快速阅读的发展历史和相关理论。当年7月8日，杨老师向我约稿，要我把我的快速阅读教学实验研究总结出来，作为该书的例证合在一起出版。于是，我写成了两万多字的《"快读"实验研究》。杨老师把书稿寄予中南教学研究会。中南教学研究会审核后同意出版，但要我们自付出版费用。由于费用较高，我们又都囊中羞涩，此事便不了了之。现在的这篇《适合山区中等学校的一种高效阅读法》，就是我的原作《"快读"实验研究》。这次出版，对原文结构做了一些调整，文字上也做了一些修改。

附：意群高效阅读法获奖证书

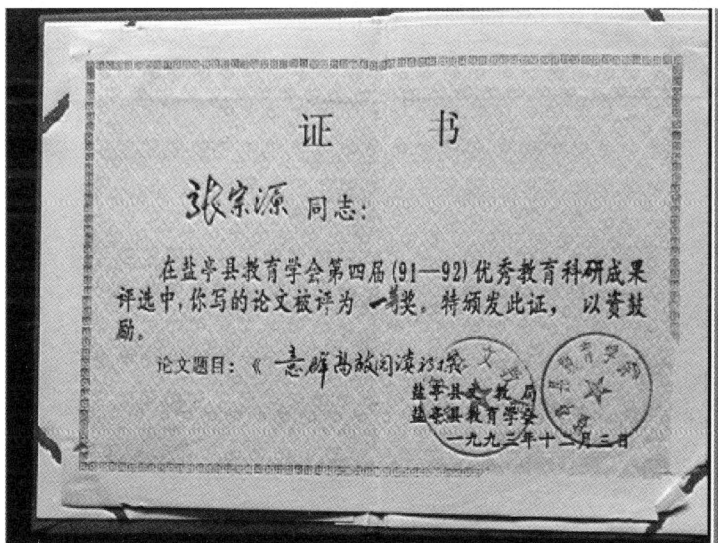

适合山区中等学校的一种高效阅读法

——意群快速阅读法

四川省盐亭师范学校 张宗源

"意群快速阅读训练",是山区中等学校最适用的一种高效阅读训练方法。其好处是:一,不受客观条件限制,如不用速读器,不增添任何设备就可进行。二,可结合语文课进行,不需另加时间,省时省工,一举两得。三,简便易行,一练就会;由于中等学校的学生都有一定文化知识基础,懂得语言的意义组块,因此一教就会,一学就懂。当然,会不等于熟练,懂不等于精通。要真正做到高效阅读,就要经过艰苦的训练,才能由会到熟,由熟到巧,这就不是方法问题,而是意志力的问题了。

为了便于高效阅读的普及推广,特别是为了使山区广大中学生掌握这一阅读新技术,我们特地把它简要介绍出来,以供大家参考;更希望能得到同行帮助,使她进一步发展完善。

实施新大纲
实现《阅读与写作》教学的高效率

记得 1992 年 11 月的全国中师语文教学大纲讲习班的领导曾说："制定新大纲，实际是要对教学进行一次改革。进行教学改革所追求的，主要是什么呢，我认为是教学效率。"

提高教学效率，是教改的要求，是新方案新大纲的要求，说到底，是中师教育现代化的要求。

原国家教育委员会副主任柳斌在《为中等师范教育现代化而努力》中提出："今后若干年，我们要把实现中等师范教育现代化作为我们的奋斗目标。"（《师范教育》1993 年第十二期）贯彻新大纲，是实现中师教育现代化的一个重要内容。新大纲的要求和中师教育现代化的要求，从根本上说是一致的，那就是培养出现代化的高素质人才。这种人才应该具有现代化的效率观和高效率运作的本领，这是未来人才素质培养工作中很重要的一个要素。因此作为培养未来人才的中等师范学校来说，以高效率的教育手段来培养具有高效率素质的人才，也就势在必行。

要获得教学的高效率，必须解决两个问题，一是要有高效

教法研究篇

率运转的整体系统，尤其是能推动运转的动力机制，这是获得效率最大值的根本保证。二是要有实现教学高效率的手段，这就必须要解决具体方法的问题和技术问题，就《阅读和写作》课来说，这两个问题能不能解决？怎样解决？下面结合对新方案大纲的实践，谈谈我们的体会。

一、新方案大纲为《阅读和写作》构建了一个高效率运转的系统工程

新方案指出：中师教育要以"课堂教育为主"，使教育教学成为"由必修课、选修课、课外活动和社会实践活动有机结合的整体"。语文新大纲则把方案中的"社会实践"具体化为"教育实践"，把"课堂教学"具体化为课堂训练，即大纲所说的"语文基本训练"。

这里需要特别指出的是，语文新大纲很少用"语文教学"这个术语，一般用的是"语文基础训练"或"训练"，比如"教学目的"中，就把"对学生进行严格的语文基础训练"，作为掌握"基础知识"、培养"基本能力"和其他素质的重要手段。在"教学内容"的《阅读和写作》这个子项中，"训练"这个术语共出现12次。可见，新大纲的导向非常明确：《阅读和写作》课必须是训练课，不是一般的常规讲授课，更不是填鸭式的满堂灌。

我们所理解的课堂训练，是广义的课堂训练。从四大板块的教学形式和班级授课制来看，凡是在一定场所进行的语文训

练都叫课堂训练。它包括教室内的和室外的，校内的和校外的。必修课、选修课、课外活动、教育实践，都是按班级形式在一定的场所进行的，因此，四大板块的训练都是课堂训练，课堂训练就成了四大板块共有的轴心。这里要特别强调的是，这里的"课堂训练"，是抽取出来的整体概念，将其图示出来如下。

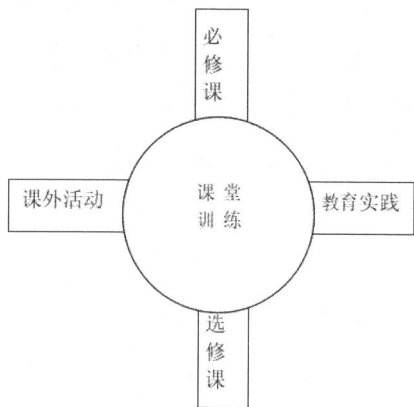

课堂训练四大板块

由图可见，四大板块尽管各自的内容和功能不一样（它们之间的关系不在此论之列），但它们都具有课堂训练的共性，因此也就都具有求得高效的属性。这种属性通常表现为：训练的高效性和整体的高效性。

1. 训练的高效性。通过训练传授知识，通过训练培养能力。这已成为中等学校语文教改的发展趋势，魏书生已在这方面给我们做出了成功的范例。学生的学习，应该像摘苹果一样"跳

教法研究篇

起来"去摘取,而不是站在地上伸着手去接。这个"跳起来摘苹果"的过程也就是通过训练获取知识和能力的过程,他把基础知识的学习和基本技能的培养有机地结合起来了。训练,就是施教者设计一定的方案,确定一定的目标和内容,指导受教者"跳起来摘取"知识和获得能力的有效手段。好的训练能把教与学、知识与能力紧密结合在一起,求得最佳的教学结构(这个结构,不是课堂结构,是教学系统中的内部结构)。因为这个结构是最佳的,所以能充分发挥各个要素独自的功能和各个要素相互联系所产生的功能,从而获得尽可能高的教学效率。

2. 整体的高效性。课堂训练如动力轴,四大板块如动力轴上的螺旋桨,动力轴和螺旋桨构成一个整体。一旦动力轴转动,螺旋桨就带动整个飞行器(指相关学科系统)升空。根据系统论的整体性原理,整体大于各孤立部分之和,这种"大于"就是高效。

可见,课堂训练,是四大板块共有的最基本的教学环节。抓好了课堂训练,也就抓住了语文教学的根本,从而获得整体系统的高效率。由此,我们把这一系统工程称之为"螺旋桨工程",即以课堂训练为中心以四大板块为阵地的整体性高效能的系统工程。

二、新大纲规定的七大知识和能力系统,构成了《阅读和写作》教学高效率的动力机制

课堂训练之所以是动力轴,就因为它具有动力机制。这个

动力，除了"教"与"学"共有的这个"人"的根本因素外，还有一个重要因素就是课堂训练的内容——七大能力要素。

新大纲在"能力要求"中明确的给语文教学规定了读、写、听、说、查、书（毛笔字、钢笔字、粉笔字的书写）、教七大能力要求，这也是《阅读和写作》在培养学生能力上要完成的任务。

新大纲在"能力要求"中还强调了要"有一定的写作速度"，能熟练地运用常用的阅读方法阅读一般读物。"熟练"，这个要求本身，就包含着要有一定的速度。读写要讲速度，讲效率，已成为我国基础教育的一项首要任务。九年义务教育的教学大纲中就规定了速度的指标。（《中学语文教学》1994年第三期）高中《语文》（二册）还专门编写了快速阅读的知识短文。对于特别重视能力训练的中师教育来说，我们把快速读写作为一个特殊能力提出来，是符合时代要求的，是教育现代化的必须。

这七大要素，再加上快速读写的特殊能力，就构成了《阅读和写作》高效率的动力机制。

快速读写是提高七大要素教学效率的基础。所谓快速，作为教学，就是要使学生在单位时间内获得尽可能多的知识和技能，以快速提高人的整体素质。它是高效的显著特点，也是实现高效的根本保证。因此，快速常作为高效的代称。读是吸收信息，写是输出信息，读是写的基础，写又促进更好地读，它们相辅相成，互相促进。听，可以说是"听觉的读"，它同样要求读懂别人的文章的条理、主次、详略、含义、表达效果、

主题等，特别是要听的声音瞬息即逝，同使用速读器训练的高效率阅读非常相似，所不同的是它是"听"的读，还具有听的一切属性。说，是"口头的写"，它同样要求语言表达的正确连贯，注意文章（说的话）的层次条理，主次详略，内容的正确和中心的明确集中等。所不同的是，"口头的写"还具有口头表达的一切属性。查，是查字词典，查资料，以深入理解文章的内容，它是读的深化。书，要求书写规范、工整、流利，是写的基础。而教则是以上六大能力的综合。当然，这七大要素是相辅相成的，这里不予全面论述，它们的关系如下图所示：

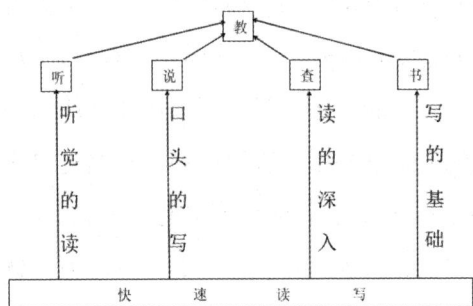

课堂训练的内容——七大能力要素

由上图可见，快速读写是诸多能力的基础，读写听说查书教又是"课堂训练"这个"动力轴"的核心和实体。整个"飞行器"的升空，就是以快速读写为基础，以读写听说查书教为核心的动力轴的转动来完成的。因此，我们称这七大要素、它们之间的相互关系，以及这七大要素和相互关系所产生的功能为教学高效率的动力机制。

三、建立起一套实现教学高效率的技术系统

新方案新大纲虽然为我们建立了一个高效率运转的系统工程和具有动力作用的内在机制，但要实现它，还必须解决一系列技术问题，建立起一套能够实现教学高效率的技术工程。两年多来，我们通过实践和摸索，初步取得了一些经验，下面谈谈我们的主要做法。

1. 宣讲新大纲，让学生明确：提高教学效率，对贯彻新大纲，进行教学改革，实现教育现代化的意义，并简介这一高效率教学的系统工程，突出强调"训练"和"高效"两个特点。这个认识问题必须首先解决，否则，中小学已经形成的应试教学积习，将会严重阻碍这一工程的实施。

2. 以快速读写为基础，以七大能力为核心，充分发挥能力系统这个动力机制的作用。

（1）抓住快速的特点，进行特殊技能的训练，抓好快速读写的基础。

快速阅读的突出特点是要读得快，理解得快，记得快，联想得快。结合农村中师的实际，我们摸索出了意群快速阅读的方法。这种方法就是以一定意义的语言群体（短语、句子、语段）为识别间距，不动声带的"摄影式"阅读，它要求整体感知、定标检索、快速理解、快速强记，以达到每分钟阅读理解汉字六百字以上。其训练项目有：短语阅读、句子阅读、语段阅读；通读、跳读、变速阅读。

教法研究篇

快速写作的特点是四快，即快速审题、快速构思、快速成文和快速修改。其中，快速构思是关键，它涉及材料、结构、主题三大要素。因此，必须使学生懂得收集素材和材料，掌握各种文体的常式结构和变式结构，一般主题和新异主题等三对矛盾的关系，并将材料按一定方式组合以表现主题。主要的构思方法有：三角构思法、坐标构思法、细节摄神法、扣时联已法、点睛居要法、偷梁换柱法和新异构思法。构思成文的要求是：在限定时间内，快速构思，成文在胸，一气呵成。

（2）分项进行系统训练，实现读写高效。

快速读写，并非只图快不讲质量，它是一切阅读手段或写作手段的最佳组合，从而形成高速度、高效率的特点。因此，在特殊技能训练之后，紧接着就应进行系统方法的训练，否则必将劳而无功。

阅读系列训练：速读、精读和鉴赏。精读：捕捉信息，归纳段意，提炼中心，梳理结构，辨析思路，理解词语，理解句意。鉴赏：语言技巧鉴赏，构思技巧鉴赏，表现手法鉴赏，思想内容鉴赏等。可用于小学语文教材阅读分析。

写作系列训练：观察思考、材料积累、四快、改评消化。可用于小学作文指导。

（3）以快速读写为基础，进行读写听说查书教的综合训练。

①读写结合。《阅读和写作》本身就是读写结合的课程。我们在实施这项系统工程时，特别注意读写结合的灵活性和实用性，主要就是做到以下三点：一是除必修课读写结合外，课

外活动的读写小组也有分有合。二是具体安排不同，每个单元教学之初，要求学生了解单元作文的要求，并在阅读该单元每篇文章时，注意不同的写法，根据作文要求，观察思考，积累材料，为"战"时做好准备。到作文时间，必须限时完成，并且要讲究质量，做到快速高效。三是从实际出发，变更训练内容，如改"通过想象写吉亚特"为"对现实人物的观察思考刻画"；改《孔雀东南飞》的"诗改故事"为"诗改课本剧"等。这样，更符合中师教学实际。

②读与听说查结合。指导学生阅读（含速读、朗读）理解课文，并提出问题引导学生讨论，讨论本身就是听与说的结合。遇到疑难，指导学生查资料、查字词典，把阅读进一步导向深入。

③读与教结合。单元练习大多是小学教材，要求学生在规定时间内快速阅读，将本单元所学知识加以迁移运用，做出对小学教材的正确分析，并逐步过渡到说课讲课。在教学实习中，加强对小学教材的阅读分析的指导。

④读写书听说评改查结合。学生在阅读单元课文的基础上写，并要求写作和书写两不误。老师收看后就选念一些典型的段篇给学生听，并指导学生口头评议修改（即说评改），遇到有争议的地方马上讨论查对弄清楚。

⑤改评消化。上一条着重于给学生树立该单元作文评改的标准。接着是学生互改互评，并建立相应的监督约束机制。老师收看评讲后，学生再自改自评争议，发现问题，找出差距，

教法研究篇

不断前进。实践证明，这虽然很麻烦，但对提高学生自评作文能力有很大好处。

⑥写作与小学生作文教学相结合。中师平时地写，就是为将来从事小学作文教学做准备。实习中，教师要加强指导，使学生把平时所学和小学生作文实际结合起来，学以致用。

3. 抓好"一落实""三结合"，增强"螺旋桨"的推动力。

（1）一落实。即四大板块要认真落实。现在，除《阅读和写作》这个必修课有统编教材外，选修课（文学鉴赏、农村应用文写作、教育应用文写作）和课外活动（读写兴趣小组）都没有现成的教材。但教师必须克服一切困难，自选自编，做到课课有教材、有教案，认真训练，定时考核。否则，课堂训练就会部分落空，造成整体系统的残缺，从而影响它的动力功能。

（2）三结合。第一，课堂教学与特殊技能训练相结合。一方面，充分运用《阅读和写作》教材，在进行读写知识教学的同时，进行快速读写特殊能力的全员训练，把课堂教学与特殊技能的训练结合起来。另一方面，利用课外活动对读写兴趣小组进行更高层次的特殊技能的训练。第二，集体训练与个人自练相结合。第三，平时训练与定期考查相结合。

实践证明，以快速读写为基础，以读写听说查书教为核心，以课堂训练为中心，以四大板块为阵地的《阅读和写作》高效率教学系统工程，是切实可行的。实施这项工程，能取得事半功倍的效果，能培养出高素质的人才。1994年6月13日，经学校考核，学生中阅读速度最高的可达每分钟 2240 字，记忆效率达每分钟 1344 字。两年来，通过这样训练的学生，在市至全国的各项相关活动中，分别取得了一、二、三等奖的好成绩。有的学生在学校学习，校外实习或毕业后的工作中，显示出突出的才能，甚至有些刚毕业的学生被分到初中任教，就被称为语文教学的"后起之秀"。

根据个例分析，这种人才素质，表现出来的是一种整体素质，包括学习、工作以至未来从事教学等应具备的综合能力。因为语文是工具，掌握了语文高效学习这个工具，也就掌握了高效学习其他各科的工具。同时，这个高效学习的系统，体现了新大纲的高标准严要求。在实际操作中，还涉及现代教育学、心理学、控制论、信息论、系统论等现代科学知识和先进的艺术观方法论。从高标准严要求来说，它能培养一个人的严谨态度，钻研精神，效率观念，顽强毅力，这是受益终生的无价之宝，是一个人今后立足社会的根本。从现代艺术观方法论说，它能大大开发学生的智力潜能，提高学生各个方面的能力，这正是适应高度竞争的现代社会的必备条件。

注：程汉杰的训练目标是"一千字左右"，吕缜毅对汉语阅读速度的测定则为："慢速在每分钟二百字左右，中速一般在四百字左右，快速则在六百字以上，最高可达八千字"。（吕缜毅《快速阅读》）实践证明，六百字以上比较适合大多数学生的情况，我们以"六百字以上"作为训练目标。

该文原题为《明确教改要求，提高教学效率》，1994 年获

绵阳市中师语文联教活动论文一等奖，后改为现题目，获省教委师范处 1994 年全省中师语文教研论文三等奖，载于 1995 年气象出版社出版的中南中学教学研究会《研究与改革》语文教学论文选，主编申仕鹏。

育人篇

辛勤耕耘，俯首为牛

——在县文教局"教书育人 为人师表演讲大会"上的发言

"俯首甘为孺子牛"，是鲁迅先生的名言。几十年来，它已成为我们的座右铭。对于一个教师来说，没有这种"牛"的精神，就不可能在文教天地里培育出肥沃的土壤，种植出鲜艳的花朵和芬芳的桃李。

这种"牛"的精神，体现着教者与学者、主观能动性与客观效果之间的辩证关系。只有教者以"牛"的精神辛勤耕耘，才能把人类丰富的文化知识，变为学生的精神财富；只有教者以"牛"的实际行动来感染学生，学生才能从老师有形的言谈举止中，得到无形的精神力量，形成刻苦学习的良好风尚。

下面，我仅仅从教学工作本身，就如何为人师表、"俯首为牛"的问题，谈谈我的一点做法和体会。

一、要有牺牲精神

教育工作者也有牺牲，只不过没有战场上那么巨大、惨重、悲壮。这种牺牲表现在很多方面，但归结为一句话就是牺牲个人利益。这种精神对学生的教育作用很大，往往能感化学生，激发学生的学习热情，促使他们刻苦攻读。

我牺牲得最多的是休息时间，然而延及的是身体健康。1980年我任教以来，从教初中一直到教高中，所任的课程和工作量都很大。近年来我除了继续当班主任和语文教研组长，还负责工会的组织工作。特别是1985年以来，所教的两个班共150多人，教、改包干，相当于三个班的工作量。工作多，时间紧，怎么办？除注意方法以外，就是发扬雷锋的钉子精神，挤时间。我工作的时间，往往延至晚上12点左右，有时到凌晨1、2点。

记得1980年教初中时，备课到凌晨1、2点更是家常便饭。一是为了用普通话教学，备课查字典校正自己的读音要花大量时间。二是八角中学1980年才复办，没有存档的教学资料；而当时的领导又不同意使用教参，理由是凭教参教书不是本事，凭自己的能力教书才是本事。三是我刚毕业参加工作，既无资料，又无经验，只得凭自己的功底备课。一个备课方案，往往是斟酌了又斟酌，改了又改。记得有一次备课，从字词句篇到思想内容、写作特点，从矫正字音到教学方法的设计，从初稿再稿到清誊，竟备到凌晨4点多。这种无资料的备课，一直延续到新领导上任才改变。

不仅熬夜是家常便饭，就连学校的电影电视也很少看。电视机就在我们办公室，有时人家看得很热闹，自己还因工作忙得不可开交。有时电影搬到学校里来放，自己也没时间看。1986年县文教局来检查工作，找一部分学生吸收意见。后来他

育人篇

们对我说，学生对我的反映很好，他们很受感动，并勉励我进一步搞好工作。从这个信息里我懂得，自己牺牲的，就是学生得到的，自己也就宽慰了。

由于长期缺乏充足的睡眠，我渐渐得了胃肠病。1986年上半年有一个多月，我经常觉得肚子痛，不想吃饭，打饱嗝，人也逐渐消瘦，体力不支。一天早上痛得厉害，爱人陪我去医院做透视检查，发现是十二指肠初期溃疡。当时在 X 光机上，人站着站着就站不稳，头嗡的一下就倒了下去，把肋骨也摔伤了，马上出现脱水现象，屎尿都流了出来，非常危险。幸亏淳医生搞得快，救助及时，马上喂开水，人才慢慢醒过来。回来后，根本不想吃饭，只喝了点开水，倒下就睡。我醒来的时候，第一节课已经下了。一看课表，二三节就是我的课，我只好硬撑着身子去上课。爱人着急的不得了，劝阻我不去，说她已经给我请了假了。我瞪了她一眼，什么也没说就走了。因为我最讨厌的就是家属干扰我的工作。真难啊！身体虚弱，没有吃饭，十二指肠及肋骨有时痛得连气都回不过来，我只好用右手紧紧卡着痛处，用压迫止痛法止痛，尽最大的力气讲课。实际上，我自己也觉得声音比平时小多了。这时课堂内，同学们看到我痛苦的样子，听得更专心了。我看到这种情形，也从他们身上获得了精神力量。尽管额头、鼻子上虚汗直冒，我还是坚持讲完了两个班的课。第四节回到寝室，一下就瘫软在床上，一点力气也没有了。我现在回想起来，也不知当时是怎么挺过来的。后来理科班黄天义同学在作文中这样写道："张老师啊，几支青霉素才把昏迷一个多小时的您唤醒。可您醒来的第一件事就是抬手看表，并不顾师娘的劝阻，扶病下床又来给我们上课了。我还记得那一课，您脸色铁青，额头上一层细细密密的汗珠，两只手破天荒地打着抖……可您的声音，还是那样抑扬顿挫，您讲的课，还是那样的吸引人。啊，张老师，您舍己利人，真像一支蜡烛，燃烧着自己，照亮着别人。"由此可见，老师的牺牲精神，对学生具有多大的感染力啊！难道他们所学到的，仅仅是这两节文化知识课吗？不，他们学到的还有中华民族伟大的自我牺牲精神。

二、要有奋斗精神

没有奋斗就没有拼搏，有奋斗才有成功。我经常告诫自己，没有奋斗精神的教师不是好教师。我这六年来的教学成果，就是在奋斗中拼搏出来的。

我没有接受过专业的普通话培训，只是小学时学了几周汉语拼音方案。在大专读书时，尽管我学的是中文专业，但当时用普通话讲课，只有陈朋教授一个人。毕业从教以后，发现中学教师普遍不会普通话，我校也不例外。我想，语言的规范化是语文教学的基本内容，不学普通话怎么能行呢？于是我便给自己找了副枷锁戴着，尝试着用普通话教学，并且订了个三步计划：第一步，用普通话朗读课文；第二步，用普通话讲授课文；第三步，把普通话扩展到日常生活的对话中去。现在我正在走第二步。回想教初中时，为校正自己的读音，一篇中等篇

育人篇

幅的课文，往往花上两三节课的时间查字典正音，长课文要用三四节课的时间。这样你们就可以想见，我初中备课时熬到凌晨四点钟的原因了。曾经有一个教政治的老师很不理解地对我说："你备课花多少工夫哟！何必花那么多时间去搞字音字词？把内容弄清楚就行了吗！"这就是隔行如隔山，政治课不同于语文课，汉字的形音义是语文教学的基本内容，学生语言的基本功，就从字词句开始。当然，说实在话，对此我也苦恼过，由于社会上对普通话并不重视，学校也从来没有提倡过，除八角小学来的一部分学生有一点基础外，很多学生连基础知识都没有。但我没有动摇，认定了这条路是对的，抱定了"自己走自己的路，让别人去说吧"这个决心，坚持了下来。后来我担任了语文教研组长，就把用普通话教学作为一项任务定了下来。现在我教的 1987 级，同学们早就习惯用普通话讲课了。我的普通话能说到现在这个水平，确实是艰辛的劳动和奋力地拼搏换来的。

我每教一届都暗自定了一个奋斗目标。教初中时，我的目标是全区第一。1983 年初中升学考试结束，杨思甲主任对全区 7 所初中应届生的成绩做了统计，我所教的班的语文成绩果然取得了全区第一。我们学校是初级中学却要办高中班，因此叫戴帽高中。1983 年学校要我教高中，我按盐中、富中、金中、玉中次序排下来，给自己定了一个取全县第五名的目标。1985 年高考结束，我教的文科班成绩居全县第二位，真有点出乎意料。后来阳志强从南充回来，他对我说："张老师，你的基础知识很扎实，我在你那儿学了不少东西。"听了这样的赞誉，作为一个教师来说，能不高兴吗！

三、要有刻苦钻研的精神

刻苦钻研是一个教师的基本素质。没有刻苦钻研，就不可能提高自己的业务水平，更谈不上精益求精了。

1. 对教材的钻研，我是走第二遍了，并没有满足于第一遍的教案。

通过对一些重点课文的研究，又有了一些新的收获，并把这些新的收获，熔铸到教学中去。比如教《群英会蒋干中计》，我设计了若干小题，其中提了这样三个问题：周瑜施用了一些什么计策？是怎样实施的？这几个计策之间是怎样有机结合的？其中的第三个问题，就是我这次新的研究所得。因为周瑜所施的计策可分三步，但这三步互有交叉，如按文章的自然段分，就显得有点不合章法。实际上这三者之间有着严密的内在联系，如果厘清了，就会豁然开朗。我在学生回答了这个问题后，给他们做了如下的分析总结：这三步计策，体现了周瑜所施巧计的阶段性和整套计策发展过程的连续性。课文第五自然段侧重在第一步计策：制蒋游说，但其余波又尾及第六自然段的第二步计策中。第六自然段侧重在第二步计策：佯醉迷敌，但其线头又始自第五自然段的第一步计策中。这两个计策重合的部分是太史慈监酒到游营。在这个结合部里，第一步计策是由密到疏，由高潮逐步趋于结尾，而第二步计策则是由疏到密，由

育人篇

发展逐步趋于高潮。第七八自然段则是第二步计策的最后实施，又是第三步计策的实现，它们融为一体不可分割，是故事发展的高潮，也是一二步计策的必然结果。从这里可以看出，事物的发展是非常复杂的，但在这样复杂的事件中，周瑜的计策却设计得天衣无缝，足见他的料事如神、足智多谋。另一方面又告诉我们，要把这样复杂的事件表现得清清楚楚，精细的选材，严密的构思是非常重要的，这是很值得我们认真学习的。这样，对文章的挖掘又深了一步，启迪了学生的思维，使他们在智力和能力上都得到了锻炼。

2. 对教法的钻研。

为了把着重点放在学生知识的运用和智力的培养上，同时解决学生既要学新课又要练题的矛盾，我搞了"练讲法"，学生反映很好。所谓"练讲法"，顾名思义，就是先练后讲。练，就是根据课文内容设计若干小题要求学生思考回答。要回答首先要把脑筋动起来想问题，这就是练学生的思维。要回答就要从课文中搜寻材料，找出有用信息，这就是练学生的发现。要回答得清楚，就要组织好语言，这就是练学生的表达。讲，就是老师讲自己对问题的看法。学生答得对的要肯定鼓励，答得不对的不要批评，以防伤害学生的自尊心和积极性，让他在老师的分析中自己去评价，找出原因，自我提高。讲的重点是"授人以渔"而不是简单地给答案。比如如何抓关键词语梳理文章脉络，如何综合概括段意、主题，如何根据句群或整篇文章内容推断关键词语的含义等。讲的过程既是教知识的过程，更是教方法的过程；通过讲，学生既学得了知识，提高了智力，又学得了方法，提高了能力。这种教与学积极互动的方法，就有效地避免了学生被动接受的低效率。

对于作文教学，我搞了"一题多练，突破一点，取得成功""调查社会，写实际生活""灵感作文，举办笔会""作文批改示范""互批互改，取长补短"多种教学方式。其中"一题多练，突破一点，取得成功"，效果特别明显。一次全校作文比赛，我教的一年级，其一二类卷竟占了全部一二类卷的三分之二；拆卷后发现，给一年级评改一二类卷的竟然是教毕业班的那位老师，这位老师对一年级同学的作文能力感到很惊奇。

四、要有完全彻底的精神

作为教师不能只关心在校生，对已毕业和升上了高校的学生，也应负责到底，这才是尽到了自己的天职。1986年考入高校的杨某某同学，于1986年9月末给我写了一封信，信中高兴的心情自不必说，但对今后如何学习的问题却只字未提。从字里行间，我猜测他可能产生了"端上了铁饭碗，一生不愁吃和穿"的思想，立即给他写了一封长达三页的信。信中，从我对当代青年的评价，到对2000年的展望；从他家庭和我们老师对他的希望，到他目前可能存在的思想，谈了自己的看法。我在信中说："我不准备为你捧场，也不为你唱赞歌，你应该了解老师希望你们的是什么。我们不是希望你们考上一个大学就算了，也不希望你们学业平平。待到2000年时你们正好三十多岁，正是各行各业的骨干和中坚，但是现在打不好基础，今后拿什么去做贡献呢？我们希望你们的，不是大学毕业以后，建立一个美满的小家庭平庸地过一辈子，也不是只满足于一般的工作拿得下，而是要创世界第一流的成绩，当世界第一流的科学家。我们现在不行了，只能寄希望于你们。到那时，虽然我们已经老了，但看到你们有那样的作为，也会返老还童的，即使我们长眠于地下，也会含笑高兴的。"

后来他给我来了一封信说："张老师，很感谢你。说实话，你这封信好像看透了我的心思。我才来时确实想要，安不下心。后来尽管父母来信要我好好学习，我也想下决心好好学习，可是怎么也不行。直到你这封信来，才打动了我的心灵，使我安下了心来，发奋学习了。"

总之，在我们的教学工作中，要为人师表，俯首为牛，就要具有牺牲精神、奋斗精神、刻苦钻研精神和完全彻底的精神。牺牲精神是根本，其他几种精神是牺牲精神发散开来的不同侧面。奋斗精神表现出一个教师不同层次的理想和追求，刻苦钻研精神表现出一个教师知识素质和能力素质的总和，完全彻底精神则是以上精神的归宿。这就是我对"牛"的精神的体会。我正是以"牛"的精神来严格要求自己，所以这几年都被评为先进教师。

"在我十年的学习生活中，我敢说，在我所有的老师之中，张老师是我最敬佩的人。"

"虽然你没有改革家惊天动地的创举，没有政治家响亮的口号，只是默默地耕耘。但是人们都说——您是老黄牛。"

　　我以黄天义同学对我的称呼作为题目谈了以上这些，也一定以黄天义同学（实际也是全体同学）对我的希望来鞭策自己，不断前进。

1987 年 3 月 2 日

演讲大会留影

育人篇

附：中师讲师综合考核推荐材料

四川省盐亭师范学校 第 1 页

综合考核推荐材料

　　被推荐人，张宗源，男，生于1946年1月。66年毕业于盐亭县中学高中。1980年毕业于四川省绵阳高等师范专科学校。91年8月以前在盐亭八角中学教语文，并任语文教研组长。91年9月调入我校教语文，在一年的试用期间，表现很好。

　　该同志热爱党、热爱社会主义，热爱教育事业，坚持四项基本原则，拥护党在十一届三中全会以来的政策，遵纪守法，热心参加政治学习和各项活动，关心时事政治，思想素质好，作风顽强，工作积极，堪为师表。

　　该同志有较强的教育工作能力。如，担任值周工作，有安排布置，有检查督促，坚持两操到场，查班查夜，认真负责，不辞辛劳，是我校值周教师中最负责的人员之一。本人虽不是政治主任，但仍重视政治思想工作，把教书与育人紧密结合起来。

Ch 090.7.92.1　　　19　年　月　日

如90.4班今年一开校便"60分万岁"思潮
刮起冲击，学风受到很大影响，该同志利用
训练论辩能力的机会，拟定"六十分万岁
辨"的题目进行专题辩论，而且抓住▇▇▇
▇▇▇、▇▇、▇▇▇▇这几个典型人物谈
心，刹住了这股歪风，使全班学风转正，
到本期考试，这个班又选只四人不及格，
成为全年级及格率最高的班（其它班不及
格人数为：90.1班17人，90.2班10人，90.3
班6人）。该同志善于把思想教育贯串于
教学之中，利用教材中所含思想内容进行
随意的和不随意的道德思想教育。比如，
教学《内蒙访古》，最后向学生提出一个
问题："联系苏联民族动荡的现实，学习
本文有何意义，"这样，把课文内容与时
事政治联系起来，把我国的和平安定与苏
联的动荡不安联系起来，发人深省，激发
了同学们对历史和现实更深沉思考。

　　该同志有扎实的语文专业基础知识，
较丰富的教学经验和较强的教学能力，一

育人篇

年来，为我校教育教学工作做出了重要贡献。在学科的能力训练中，该同志抓听说训练、演讲训练，指导手抄报、忠光文学社的文学活动，排练语文晚会等等，都是在抓好教学工作的前提下进行，且废寝忘省时工作到深夜，为学校能力检查做出了重要贡献。在推普工作中，首先提出了推普竞赛的建议，狠抓二年级推普普实工作和全校推普宣传工作，有力地推动了学校推普活动的开展，为学校获得全省推普优秀成绩做出了重要贡献。今年为迎接全市统考，学校指派该同志负责一年级作文辅导，他钻研教材，研究学生实际，指导得法，抓得得力，使语文统考获得全市第一名，受到了学生家教和教师赞扬。该同志在二年级的文选和写作教学中，深钻教材勤备工作，教学效果好。听课小组对该同志的教学的《内蒙访古》一课作了如下评价：结构严谨、条理清楚、目的明确、重点突出；语言准确、规范、干净利落，着通话较好；教法灵活。教与学双边活动结合得好；抓住了知识与能力的有机结合；板书简练，结构清晰，书写规范；运用课文内容对学生进行恰当的思想教育；长课短教，钻研深刻，设计精心；写法上与《雏鸟泉》、《长江三峡》比较，这种方法好，还有较深的理论阐述。由此评论，可见其教学之一斑，听课学生反映很好。

　　该同志有较强的钻研能力，有改革开拓精神，其课前三分钟演讲试验、高效阅读试验都取得了成果，并撰写了有质量的研究论文，有力地推动了我校的语文教改工作。为了进行教改，该同志利用休息时间自学了有关知识与理论。如，为了指导好课前三分钟演讲，借阅并摘抄了《演讲与说话艺术辞典》；为了研究高效阅读，自费近30元钱购买了程汉杰的《高效阅读训练》、《高效阅读训练教程》、王继坤的《现代阅读学》，借阅并摘抄了查有梁的《控制论·信息论·系统论与教育科学》

育人篇

四川省盐亭师范学校　第5页

这两项试验现有取得明显成效。下面是听课小组对他这两项试验的公开课的评价：课前三分钟演讲对培养学生的口头表达能力很好，我们以后也要采用；用这个方法对学生训练很有好处，速度快，难度大，有些题恐怕就是老师也很难当堂完成，但我看了一些学生的题还答得比较好；我与张老师同教一个年级，也受到了一些实惠，学生确实提高了阅读能力；我也觉得这个办法很好，我以后也要采用这种办法；等等。可见其试验顺应了改革潮流，取得了实效，深得人心。同时，该同志还建立了这方面的资料档案，整理了有关经验，撰写了有关论文（见复印件）。

综上所述，经过一年来的试用证明，该同志政治思想好，业务能力强，是我校语文教学的骨干，特推荐其获中大等专业学校讲师职务。

推荐单位：四川省盐亭师范学校

1992年7月15日

· 142 ·

中学生恋爱道德规范四六律

中学生恋爱，历来是个老大难问题，由于对外开放打开了门窗，加上受到西方自由化思想冲击，中学生恋爱问题也就显得尤为突出。要较好地解决这个问题，必须对中学生的恋爱观进行道德规范，并把它作为学校政治工作的一项重要内容，常抓不懈。本文所说的中学生恋爱道德规范，是指在学校（或班集体）中，用正确的道德标准，对中学生的恋爱进行教育管理，使他们对恋爱问题有一个正确的认识，并养成良好的道德行为习惯。这里的规范，就是教育管理。所谓"四六律"，是指四个规范，六个要素。四个规范是指思想规范中的感知规范和理智规范，及行为规范中的措施规范和纪律规范。六要素是指四个规范中必须有一定的质、量、度和教育者必须具有理、情、诚的教育水平和教育态度。

在几年的班主任工作中，我在这方面做了一些探索。下面就这个问题谈谈我的一些体会。

一、抓好四个规范的教育

（一）思想规范

高中新生，由于升入高一级学校的取胜心理和进一步奋斗的竞争心理，都有净化心灵、力争上进的愿望。这个时候，是对学生进行感知规范和理智规范的最佳时机，万万不可错过。

1. 感知规范，就是中学生恋爱的生理心理特点的教育。

中学生的生理发展，是中学生的物质基础，是中学生能够直接感受到的。但感受到的不一定是懂得的。因此，教者首先要让学生懂得他们自身的生理心理特点（即青春期生理心理特点），从而使他们懂得恋爱是人类生理发展过程的一种自然现象，以打消学生心理上的神秘感和好奇心，使他们对自身的生理现象有一个正确认识，为下面的几个规范的教育打下基础。

2. 理智规范，包括理性规范和事例规范。

（1）理性规范，就是对学生进行正确的理想、道德、情操、法制和义务等方面的教育，要求学生站在高层次的精神生活上来正确对待恋爱问题。

①理想，人人都有，只是高低层次不同。但是，不管那个层次的理想，都有一个共同特点，表现出个人的社会目的性，即个人对社会是贡献还是索取（注意：不能把法律规定的个人所得如按劳分配等混同于索取）。理想教育必须抓住这个关键。比如，每个学生对将来都有不同的打算，教者要善于针对不同的打算区别不同层次的理想，一方面肯定和支持积极正确的理想，一方面把还没有明确理想的学生引导到正确的轨道上来，并从具有积极意义的不同理想中抽象出理想的共性——为祖国为"四化"做出贡献，从而落足于青年学生不宜过早恋爱而应集中精力搞好学习这个主题上。

②道德，是人们共同生活及其行为的准则和规范，它体现出社会意识的制约性。道德教育，就应该突出强调这种制约性。比如，以道德和理想的关系来说，既然理想有共同性，这就决定了群体意识必然约定一定的道德标准。这种具有积极意义的道德，是人人都应遵从的，中学生不宜谈恋爱，正是这种共同道德的要求之一。

③情操，是由感情和思想综合起来的不轻易改变的心理状态，它表现出一个人的道德修养水平。没有高尚道德情操的人，不可能有良好的道德品质。男女同学之间应该保持和发展纯洁的友情，但同时又要防止发展成恋爱关系而影响学业和个人成长。情操教育，就是要培养同学们良好的道德修养，以正确的审美观和道德观来对待恋爱问题。

④法制，是我国按照人民民主原则把国家事务制度化、法律化，并严格依法进行管理的一种方式。它体现出社会的强制性。早恋可能导致早婚，早婚可能导致早育，这是与我国传统道德和公序良俗相悖的，也是中学生道德行为规范所不提倡的。

⑤义务，是每个公民应尽的职责。青年学生既是精神文明的接受者，又是精神文明的酿造者和传播者。他们在接受现有精神文明的同时，也在酝酿着新的精神文明。因此，抵制历史遗留下来的精神糟粕，以及信息时代下无处不在的诱惑和腐蚀，创造新的精神义明，是青年学生义不容辞的责任。现实生活中，很多学生正是不懂得自身的历史责任和应尽义务，自觉或不自觉地受到各种不良思想文化的影响，忘记了自己的主要任务是

育人篇

学习，学生中普遍存在的恋爱现象就是受到这种影响的表现。

这五个方面，基本概括了理性规范的内容。

理性规范的目的，是使学生在认识了恋爱的自然性客观性以后，更进一步认识到"自然"和"客观"不等于"应该"和"必须"。恰恰相反，中学阶段是不宜谈恋爱的。"自然"是指学生在认识这个现象以前不自觉的恋爱现象，"不宜"是使学生明白自己的首要任务，以达到一种自觉自控的行为目的，是认识上的一个飞跃和发展。要使学生认识到这点，就应该把理想、道德、情操、法制和义务教育与中学生身心发展还不完全这个实际结合起来，真正做到从思想上解决问题。

（2）事例规范，是指在理性规范中，用著名人物正确处理事业与婚恋的事迹，用学生因早恋荒废学业甚至造成悲剧的事实，对学生进行振聋发聩的教育，以增强他们的理性认识。

感知规范和理智规范都是对学生做思想工作，端正学生的主观认识，因此，又把它们统称为思想规范。但它们又有其各自不同的特点。感知规范的特点是侧重于客观感受的教育，是为了使学生对他们感觉体验到的生理心理现象有所知，是低层次的思想规范。理智规范的特点是侧重于主观认识的提高与深化，属于人生观的范畴，是为了充分发挥学生的主观能动性，使学生用理智控制其某种生理需求和心理欲望，以保证其精力集中于学业上，它是思想规范中的核心与关键。思想规范在新生教育中有重要意义，但绝不是一劳永逸的，它必须贯穿于中学生思想工作的始终。

（二）行为规范

1. 措施规范。思想规范是解决认识问题，但认识了的不一定行动得好。由于中学生心理的过渡性、闭锁性、社会性和动荡性特点，这就决定了中学生的自觉性有一个长期发展成熟的过程。因此，在新生入学以后以至毕业的几年中，必须有一定的措施促其认识与行动达到统一，即由教育的外在推力变为学生的内在动力，变正确认识为自觉行动。

除学校管理采取的常规措施外，有两条值得特别注意。一是对常缺课的学生查明原因。对其中学习纪律涣散、自控力较差的学生，要经常与其家长取得联系，掌握其思想动态以防患于未然。这是常规管理中难以做到而又必须做到的事情。二是做好男女生的思想工作。首先要求他们自尊自重自爱，其次提醒他们遇到别人提出恋爱要求时要善于拒绝；拒绝不了要拿出勇气向老师反映，通过老师做疏导工作来解决问题。这一条，对处理学生早恋问题至关重要。

2. 纪律规范。这里所说的纪律规范，不是一般的行为管理，而是指必要的纪律处分。思想规范，是培养学生道德认识的主要形式，但绝不是万能的；措施规范能在很大程度上使学生养成良好的道德行为习惯，但对有的学生来说，管得住身却管不住心。由于多种因素的影响，可能个别学生会因贪玩好耍，不思进取，成了"害群之马"。这种情况下，必须用纪律来约束匡正，否则，只能导致教育的失败。对已超出普通恋爱范畴的行为和当事人，仅用简单的思想教育方法是不能给学生带来实

育人篇

147

质帮助的，应辅以适当的纪律手段作为教育补充。但纪律规范只能是辅助性的，决不可滥用。

措施规范和纪律规范，目的都是培养学生良好的行为习惯，因此，又把它们统称为行为规范。但它们也有其各自不同的特点。措施规范是常规管理与思想工作的紧密结合，繁难费事，具有艰巨性、复杂性、长期性的特点。这项工作做得好，可以减少严重情况的发生。纪律规范是强制性的，因而有较强的震慑力，能达到常规管理所不能达到的效果，并且能推动常规管理的正常进行。因此，它们是相辅相成，缺一不可的。

二、质量度的统一　理情诚的融合

四个规范中，理智规范必须有一定的质，措施规范必须有一定的量，纪律规范必须恪守适当的度。质不够，学生缺乏一定的理性认识，就不能充分发挥他们的主观能动性。忽视了足够的量，就是忽视了中学生过渡性和动荡性的心理特点，忽视了客观事物发展的曲折性，工作就不可能耐心细致、持之以恒。达不到一定的度或超过了一定的度，就有可能达不到匡正的目的或酿成不良的后果。这就是质、量、度的统一。在这些规范中，教者还要注意提高自己的教育水平，做到理、情、诚的融合。有理，才能使人心悦诚服。这里包括批评教育要客观实际，一是一二是二，不夸张，不无限上纲，措辞有分寸。有情，就是要以情动人，循循善诱，不要动辄训人。没有情感的融合，思想交流就会不畅甚至抵触，更不可能开启学生的心扉，让学生坦诚的谈出心中的隐秘。有诚，就是诚心相待，使学生感到你既是良师又是挚友，放弃顾虑，吐露真情。这样，教育才能抓住思想，疏通引导，收到好效果。当然，这三者不能截然分开，而是交融在一起，贯穿于四个规范的全过程。

三、"四六律"效应

我在两年制高中文科班班主任工作中，由于抓住了以上四个规范的教育，同时做到了质、量、度的统一和理、情、诚的融合，因此在解决高中生恋爱问题上取得了较好的效果，我把它叫作"四六律"效应。两年制高中文科班学生恋爱情况如下表所示。

两年制高中文科班学生恋爱情况一览表（全班68人）

学生代号	性别	入班时间	受四规范教育情况	恋爱情况	处理	难易	备考
A	男	第一学期	受全程教育	单方面	因女生a冷淡对待而自行停止	极易	女生a受全程教育
B	男	第一学期	未受思想规范阶段的教育	单方面	因女生b大吵大闹经多次思想工作才平息	难	女生b第二期入班，未受思想规范教育
R	男	第四学期	完全未受四规范教育		经学校党支部协助做多次艰巨思想工作，并给R以处分方解决	甚难	R主动追求r，r响应R，经学生揭发而发现
r	女	第二学期	未受思想规范阶段的教育				

育人篇

1. 从表中情况可见，全班真正谈恋爱的只有一对，即 R 和 r，A、B 均系单相思。这从当时校园恋爱风盛行的现象来看，为数极少。

2. 从表中四人情况可见，受四规范教育的程度与恋爱的态度及处理的难度成反比，说明"四六律"效应是显著的。

3. 从 A 可见，受过全程教育的，恋爱风行不成气候，一露头就被正气压住。这说明学生是能接受正面教育的，良好的班风是可形成的，正气是能压倒不良风气的。

4. 从 R、r 可见，抓好中学生恋爱的道德规范教育工作极为重要。中学生的身心还未发育完全，极易受不良思想的影响。如果教育工作者不去有效地占领这块阵地，学生必然受到各种不良思想的攻击，我们的教育就会遭受损失。

5. 从"处理"和"备考"栏可见，是否受过全程教育的学生，对待恋爱问题的思想意识和处理方法也是大不相同的。A 和 a 均接受过全程教育，a 对 A 的态度和应对方法适当，其他学生一点未觉察，他们双方情绪也未受影响，有利于学习。B 和 b 均未受思想规范教育，但 b 对 B 的态度和应对方法都不当，后 b 又因此事在班上与 B 大吵大闹，而感到自羞自愧，甚至不愿担任文娱委员，经多次思想工作方放下包袱大胆工作。R 根本未受全程教育，r 也未受思想规范教育，两人这方面的思想意识都较差，自然不能正确处理恋爱问题。

6. 从"备考"末项可见，四个规范的教育，形成了良好的集体舆论，说明四个规范产生了良好的集体效应。

7. 从"性别"栏和"恋爱情况"栏可见，男生在恋爱中往往占主动，这和男生比较大胆放得开，女生比较腼腆害羞有关。因此，加强对男生的思想引导工作应是重点。

8. 从 B、R、r 的情况可见，对缺乏全程规范教育的学生必须补课，特别是思想规范课至关重要，这是以后班主任工作应该吸取的反面经验。

综合 1～6 可见，"四六律"规范是好的，成功的，有些项效果还是特别突出的。

四、四个规范的实质

以上规范概括起来就是思想规范和行为规范两大类。前者是解决学生的认识问题，后者是解决学生的行为问题。这两者结合起来，就是知和行的统一，就能对中学生的恋爱观进行良好的教育和引导。它的实质，是通过教育引导的外部手段，在学生个体内部产生一种心理发展动力。而这种动力的特征就是以社会的高级需要同学生不成熟的心理构成矛盾，通过这种矛盾的斗争，以社会的高级需要抑制学生个体中不自觉的低级需要，使学生逐步养成一种良好的社会道德习惯，并由此升华为良好的道德品质。

1990 年春总结于盐亭县八角中学

（这是一个成功的经验，八角中学党支部书记冯云华上报，绵阳市委宣传部教卫处处长诸葛景瑞通知我去面谈，要我参加 1990 年秋绵阳市委组织的学校政治工作经验交流会。后因绵阳

育人篇

151

市委宣传部工作繁忙，一直未曾安排此事，便不了了之。）

1985 年 8 月盐亭县高中毕业班教师畅游峨眉山留影

山区农村中师差生学习心理探究

我们通过谈心、访询、观察、问卷等形式对中师一年级差生进行调查，发现山区农村中师生在我国经济改革日趋深化的今天，学习上存在以下几个主要心理问题。下面，谈谈我们对这几个问题的看法。

1. 应试教育形成的"少慢差费"（数量少，速度慢，质量差，材料费）的心理定式，与大容量、快节奏、高效率的中师教学要求相矛盾，阻碍了差生的学习。请看下表：

	实开科目			语文（文选）每周课时数		单篇课文课时数		教法	学法	学生发奋程度及其原因
	平均	最多	最少	平均	最多	平均	最多			
初中	8	11	7	7	13	4	7	多为填鸭式	多为被动式	主动积极、反复练习（为了升学）
中师	21			4		1.8	3	多为启发式	多为闭锁式	被动消极（有了铁饭碗）

根据平时观察、询问和成绩考查，结合该表做综合分析，我们认为：

育人篇

应试教育是造成中师新生学习心理障碍的客观原因。从表可见，有些初中的语文教学周课时数和单篇教学课时数都大大超过了国家教委颁布的标准，其中有些就是以牺牲副科为代价，以超时超量的填鸭式灌输和拼时间拼消耗的题海战术来完成的。这样的教学，必然是"少慢差费"，培养的学生也必然是高分低能。我校每年的新生能力呈地区性差异就是证明。

与应试教育相反，中师的素质教育则呈大容量、快节奏、高效率的特点。从第一栏可见，中师课程开设齐全，总数21科，比初中开齐的学校还多10科（即使是本县县高中，实开科总数目也不过12科）。再从二三栏的语文教学看，每周实际教学课时数，中师比中学少了1/2至2/3，单篇教学课时数少1/2多。由上表可见，一方面中师教学内容总量大大高于普通中学，约为普通中学的两倍。另一方面，单科教学课时数却又大大低于普通中学，只有普通中学的三分之一到二分之一。这就决定了中师教学的特点必然是大容量、快节奏、高效率。

由于长期以来的应试教育形成了中师新生"少慢差费"的心理定式，这种心理定式，在普通中学应试教育的费时低效与中师素质教育的省时高效的巨大反差中，产生出一种其固有的特点——排他性，如畏惧感、闭锁性、抗拒性等，从而严重阻碍他们的学习。

克服差生这种心理障碍的方法是：

（1）宣讲新大纲，特别要有针对性地讲清应试教育与素质教育的本质区别，同时讲清各科大纲的具体要求，交代适应新大纲的教法和学法，以打破原有应试教育形成的心理定式，进入素质教育的准备状态。

（2）既然中师教学是素质教育，要以快节奏高效率的手段完成大容量的教学任务，那就必须优化教学，做到教与学的有机结合。特别是教师的启发式教学与学生的自主学习有机结合，知识与能力的有机结合，速度与质量的有机结合，培养学生自我学习的习惯和能力。

（3）在优化教学中做好差生心理的矫正修补工作。注意与差生谈心，沟通思想，融洽感情，以情促学。通过谈心接收反馈信息，调整自己的教学方法，使教学尽可能地既符合大纲要求，又符合学生实际，以减少差生的重压感和畏难情绪；进行个别的思想疏导和学法指导，纠正差生落后的认识和不良行为习惯。

2. "铁饭碗""铁"死了学生发奋学习的精神。表中最末一栏显示，中师差生之所以心灵闭锁缺乏初中那样的奋斗精神，主要原因是有了"铁饭碗"思想。"铁饭碗"思想来源于客观上的"铁饭碗"制度，如毕业和分配上的"铁饭碗"，从教后任职上的"铁饭碗"。针对这种情况，一方面是进行竞争意识的前途教育服务，使学生明白，竞争的浪潮迟早要席卷到教育界，作为未来教师的中师生，学会知识，练好能力，是今后在竞争中立于不败之地的根本保证。另一方面，在学籍管理上，建立健全竞争机制，优胜劣汰（劣，主要指品德），在毕业分配上实行双向选择，杜绝弊端；在任职上实行真正的聘用制，废除包干制。这样，"铁饭碗"就"铁"不下去了，必然

育人篇

激发出他们刻苦学习的奋斗精神。

3. 根据问卷调查和平时谈心知道，中师差生学习上的心灵闭锁和心理障碍，除以上两个方面外，还有以下原因：有的读中师是"被逼上梁山"的；有的是把中师作为跳板，混得文凭后另择门户的；有的是想弃学经商搞钱的；也有由于毕业后环境艰苦和择偶困难，思想发生动摇的。这些思想，是我国经济改革深入发展在学生头脑中的必然反映，从而形成中师差生人生旅途中一种新的需要。这种需要与中师差生今后要从事的职业之间存在着一定的矛盾。这种矛盾，常常使差生陷入彷徨苦闷、消沉萎靡的境地，严重阻碍了学习。

如何认识和解决这一问题呢？

首先，教者要清醒地认识到，随着经济改革的深入发展，人才的开放交流也将日益扩大，这是不可阻挡的历史潮流。比如我们学校，在改革开放的十多年中，不仅培养了大批山区农村的合格师资，而且这些人中，还有相当一部分人走上了行政领导岗位或从事其他行业，给地方经济建设注入了新的活力。这说明农村中等师范学校已经不仅仅是培养中师生的摇篮，而且是培养地方各种建设人才的基地。因此，尽管有些中师生的学习目的和动机与中师生的职业要求有一定距离，但从社会发展的总趋势和整体要求看，其方向还是一致的。这就是中师生非师范专业的理想与师范专业之间的矛盾性和统一性。作为中师教育，就应该具有与时代合拍的开放意识和时代意识认识并解决这一矛盾。

其次就是导。导，就是使中师差生把当前的学习与他今后的非师范专业的理想中的积极因素统一起来，以取得学习上的动力。一方面是对他们非师范专业的理想中的积极因素给以肯定和鼓励，以消除差生心理上的迷茫感、畏惧感、厌恶感（厌恶师范学习）。同时，还应当启发学生清醒地认识到，人才竞争的基本条件是扎实的基础知识和适应现代社会需要的各种能力。因此，中师生应该抓住中师学习具有培养多能人才的这个优势，认真学习，打好基础，今后才能在竞争中立于不败之地。至于非师范专业中的消极因素，则要从认识上加以解决。

4. 内驱力的多项状态影响着中师差生的意志品质。由主体自身的需要推动主体进行某种行为活动的内部动力叫作内驱力。内驱力有正方向的，反方向的，偏理性的。一个人具有由多个内驱力构成的内驱力系统。如果这个系统以某个内驱力为主导沿着一个方向产生作用，那么这个人所做的意志努力将是强大而持久的；如果这个内驱力系统呈多向状态，互相抵牾，互相排斥、干扰，那么这个人的意志努力就是微弱而短暂的。非师范专业理想不明确的学生，由于没有解决好非师范专业理想与师范学习相统一的问题，其内驱力就呈散射状态的多向紊乱，从而严重地影响了学习的意志努力。

问卷调查显示，意志力薄弱是差生显著的特点，被问卷的几个差生都是意志力薄弱的人。其表现形式多种多样，如一遇挫折就失去信心的，经不起批评的，惰性或自卑感严重的。培养差生的意志品质，要从两个方面着手。首先是动机疏导，以解决差生内驱力的多向紊乱状态，使其内驱力系统朝着一个正

育人篇

方向发挥作用，如第三项中谈到的动机疏导。其次是意志力的培养。实践证明，教育管理中起关键作用的还是班集体。良好的班风学风，对净化学生的思想，使其养成良好的行为习惯，具有决定性的作用。思想得到了净化，内驱力的多向状态自然得到解决。养成了良好的行为习惯，自觉性、果断性、坚持性、自制力等意志品质自然得到了发展。

良好的班风侧重于解决意志的共性品质，个别谈心侧重于解决意志的个性品质。两者相辅相成，互相促进，缺一不可。个别谈心不仅仅是班主任的工作，科任老师的配合也相当重要。因为学生的个性品质很复杂，要一把钥匙开一把锁。学生因兴趣、爱好、个性等多种原因，与教师有不同的情感距离，教师之间的互相配合就可以充分利用各自的情感距离优势，开启学生的心扉。同时，他们从不同角度了解学生的不同特点，从而能从不同角度找到最佳切入点，使思想工作获得尽可能好的效果。那种认为思想工作是政工干部的事而与己无关的思想是不正确的，如果以庸俗的思想和作风去影响学生更是错误的。

不管学生的个性意志品质如何复杂，但有一条很重要，那就是要特别重视对其正向内驱力的坚持力和反向内驱力的自制力的培养。这一点做好了，就会使两者产生一种互促互补和谐共存的强大推动力，促进学生良好意志品质的养成。

1994 年 8 月于盐亭师校

业务工作总结
——1999 年应学校要求完成

一、个人基本情况简介

我叫张宗源，四川盐亭县人，男，生于农历 1945 年腊月初 3（公历 1946 年 1 月 5 日），1966 届高中毕业生。在农村接受了十年"再教育"。1980 年 4 月毕业于绵阳高等师范专科学校，1980 年 5 月—1991 年 9 月先后在盐亭县五龙中学、八角镇初级中学（简称八角初中）教政治、语文，任语文教研组长。我曾教八角初中戴帽高中班的语文，该班 1985 年高考语文成绩获得全县第二名，由此，1988 年我晋升为中学一级教师。1991 年调入四川省盐亭师范学校，1996 年盐亭师校改制为盐亭县文同中学后，我任文同中学高中语文教研组长，语文学科带头人。1993 年被聘为中南中学教学研究会正研究员，并被选为该会常务理事。1997 年被聘为全国中学语文教学研究会农村中学语文教改研究中心研究员。

育人篇

二、思想表现

我是在红旗下长大的，又是邓小平给予了我们的今天，因此，我对共产党和邓小平有着真挚的热爱之情，从教近二十年来，坚持党的四项基本原则，坚持公道正义，不搞阿谀奉承；不怕累，不信邪，不怕压，作风顽强，工作认真负责，没有辜负灵魂工程师的光荣称号（具体事实见下）。

三、工作态度

由于我忠诚党的教育事业，不论在何种恶劣的生态环境下都不曾忘记人民的教育事业，表现出了坚毅的性格、顽强的作风，深受学生的欢迎。例如：1992—1995 年，我在盐亭师校（盐亭师范学校）教研教改中获得了突出成绩，仅发表且获奖的教研论文就达 10 多篇。我用"启发式互动教学"指导青年教师敬秋芬赛课，她最终获全市中师赛课第二名。我一直把心思和精力都用在研究上（见后工作能力、工作成绩），期间遇到盐亭师校停办转制，前途未卜，很多老师应付了事，但我仍认真上课，一往如故，就连当时的教导主任王传杰在全校教职工大会上也不得不说："最近我听了所有老师的课，认真上课、注重培养学生能力的就只有张宗源老师一人。"

盐亭师校转办为高中后，我又承担高三文理两个班的教学任务，非常劳累。有时竟累起大病。但住院期间，从不缺学生一节课。白天在医院一只手输液，另一只手看书备课，晚上回家就将白天思考成熟的问题整理成教案，第二天上课后又去输液。因此，学生称赞我是"玩命工作的老师"。最近考入大学的一位女生写信回来说："张老师，您为了学生，不顾自己的身体，永远都那么兢兢业业，孜孜不倦，忘我工作，您的品质和人格教会了我们很多很多。"

四、工作能力

1. 教学能力。我在长期的教学实践中，积累了丰富的经验，大大提高了教学能力。仅以最近三年的情况来说吧。由于我校属师范转办高中，没有升学成果，社会影响力低，因此，生源极差，不仅入口成绩是四五流，而且学生智力行为习惯也属四五等，县教体局、进修校来考查、听课后，也不得不承认这一事实。随着高中课程加深，这些问题愈益显现，这在我的教学生涯中从未遇到过。针对学生懒散积习严重、怕苦怕累、贪玩好耍的特点，我采用了限时作业、及时批改、当面纠错、个别辅导、限时重做等强制手段，注重"习惯、方法、能力"的培养，摸索出了"矫正、落实、检测、查补"八字方法，收到了立竿见影的效果，学生语文成绩由第三学期的全校倒数二位上升到第四学期的全校第一位，并一直保持到第三学年考试，连续四次市统考都在全校第一位。

2. 教研能力。从 1991 年调到盐亭师校开始，我就着重于教学研究，已发表学术论文 6 篇，教学范文一篇，获奖 9 篇。其中，负责高效读写实验工作三年，并由校语文教研组长冯绍普（市、县人大代表）亲自组织验收报县教文体委备案，县教文体委在我呈报的《适合山区中等学校的一种高效阅读法》实验论文上加盖了"审验属实"的印章。应进修校杨委全老师之约，写成了两万多字的《四川省盐亭县师范学校"快读实验"研究》经验总结一份。（杨老师寄予中南教学研究会出版，因缺少经费而终止）针对中师教学写成的《明确教改要求，提高教学效率》《实施新大纲，实现〈阅读和写作〉教学的高效率》分别获市中师教研成果一等奖、省中师教研论文三等奖。教学研究，促使我读了专业书及相关学科的书籍20多本，拓宽了我的知识视野，提高了我的理论水平。

3. 教研组工作。在八角中学任教研组长时，我组就被盐亭县教委评为"先进教研组"。在文同中学任教研组长期间，积极展开教研工作，特别是加强了对三名新教师的指导。主要方法是：

（1）听课指导。一个月内听新教师上课六次，并听取学生意见，帮助他们改进教法。

（2）示范指导。新教师随堂听我的课，我分享自己的教学思路、方法供其参考。

（3）交心指导。和新教师交谈，毫无保留地谈我的经验和教训，使他们少走弯路。仅一个月，这三位教师的教学水平就有了很大长进。

五、工作成绩

任中级教师以来，由于学习刻苦钻研，努力工作，我取得了不少成绩。现按时间顺序分列于下：

（一）行政奖（附学会奖）

1992年，获局级优秀工作者奖；

1994年，获中南中学教学研究会优秀会员奖；

1997年，获局级优秀教师奖；

1998年，获局级先进教研个人奖；

1999年，获县级优秀教师奖。

（二）专业考核优秀证书

1997年，获县职改办专业考核优秀证书；

1998年，获县职改办专业考核优秀证书；

1999年，获县职改办专业考核优秀证书。

（三）教学教研成绩

1984年在八角中学教高中文科毕业班，该班高考成绩居全县第二位，且属农村初级中学戴帽高中第一位。

1999年本校首届毕业生尽管因《语文》第六册晚到，耽误了一个月的时间，给教学带来严重影响，但我所教语文高考成绩仍取得较好成果，使我校首届上线超目标，出乎人们的意料，收到了很好的社会效益。

（四）教研成果论文论著、范文及奖励（以时间为序）

《"无是，馁也"之注值得商榷》（1992年），参与绵阳

育人篇

市中师教研会交流，载《绵阳师专学报》人文科学版 1992 年第 4 期上，获县科协一九九三年度社科论文二等奖。

《意群高效阅读初探》（1993），参与绵阳市中师教研会交流，载《中师教研通讯》第 5 期，获中南中学教学研究会一九九三年度教研论文一等奖，获县教育学会优秀教育科研成果论文一等奖。

《引发记忆，再现表象》（1993 年），参与市级交流，载《中师教研通讯》第六期，载中南中学教学研究会杂志《快速读写》第 3 期，获中南中学教学研究会教研论文一等奖。

《适合山区中等学校的一种高效阅读法》（1993 年），参与中南中学教学研究会交流，并获该教研会教研论文二等奖。

《一个可爱的反批》，载湖北省教育委员会主办的《中师生报》1993 年第 181 期。

《明确教改要求，提高教学效率》（1994 年），获绵阳市中师语文联教活动论文一等奖。

《实施新大纲 实现〈阅读与写作〉教学的高效率》（1994 年），获 1994 年全省中师语文教研论文三等奖，载气象出版社出版的论文集《研究与改革》（1995 年）。

《中学生的潇洒》（1994 年），获全国中学生快速作文教研成果一等奖（中南中学教学研究会等三家学会联办）。

《是单句还是复句》载《中学语文教学》1995 年第 3 期。被《98'中国当代教育研究文库》评委会及华中师大《语文教学与研究》评为"全国语文教师优秀论文一等奖"。

《山区农村中师差生学习心理探究》（1995），获国家教委"八五"重点科研课题子课题《学生学习现状的调查与学习指导的研究》征文教师组一等奖。

《晨光》，载广州出版社《中国教师范文精品》（高中卷）（1998年）。

《腐朽自私的"真诚"》，获县教研室1998年度优秀论文一等奖，县宣传部、科协1998年度优秀社科论文三等奖，省中学语文教研论文参与奖（1999年）。

《学子含泪吟，行人驻足听》获县教研室1999年度教育科研论文一等奖。

踏莎行·游安县罗浮山

林脆莺声，逶迤路细。游乎沂舞青衿意，攀崖走索畅逍遥，凤凰美慕囚中唉。砾石参差，断峰丛集。唐僧留下西游迹，莫非大圣闹龙宫，搅翻远古侏罗纪？

育人篇

附学生信件一份

　　本来，与学生来往的信件很多，由于几次搬家，很多信件已遗失。幸好，原来的一些工作总结摘录保存了一部分下来。现在只有 2002 年的了，当时我得病，高 1.1 全班同学都给我写了信，其他班也有。这里选的是高 1.2 班李辉明同学的一封信，由于它具有一定的代表性。

　　信中说"老师也会哭，而且是当着自己的学生"。这说的是一堂朗读教学。袁枚的《祭妹文》是一篇阅读课，计划只有一课时。文字要梳解，知识要了解，内容要读懂，怎么办？我就要求学生早自习自读完成前两项，并提问解答。课堂上我就采用情感朗读的方式，使学生入情入境，以情披文，以感体情，完成第三项。朗读时，由于体文入境，情溶于文，声情并茂，激发了敏感的情感细胞，我泪雨涟涟，好多同学也都哭了。想不到，有意无意中获得了一堂成功的朗读教学课。

　　信中说："您平等地对待每一个人"，这是我的教学观。我反感为了追求升学率偏爱成绩好的学生而放弃成绩差的学生。我经常给同学们讲，人的禀赋各有所长，有些同学可能学习不行，但实践可能是他的长处，一旦身处社会，可能还大有发展前途。因此，不论你现在成绩好与坏，都要学好语文，因为语文是你今后身处社会进行交流的工具，正如你吃饭离不开的碗筷。所以，我不仅对成绩好的同学针对性地给他搭梯升高，而且对成绩差的同学实行个别指导，补短纠错鼓励，既严格又宽容，构成一个"宽容和严格的矛盾体"。由于不放弃任何一个学生，工作量是一般人的几倍。为此，有人讥笑我笨得很，"只抓几个好成绩的学生就行了，何必费那么多工夫"。

信中说："然而这期的分班，才使我明白：黑夜中的灯光原来也远离迷失的行人；渡河的旅客也被饱含世故的船长给抛下，但是有点没变，老师，我依然深爱着您。"这句话说的是一个心酸事。这位学生是班长，从行文都可知道，这位学生的语文功底很好，文章畅达，情感真挚，叙事不乏文学色彩，评议饱含人生哲理。他的作文，我曾作为范文评讲。从语文角度来说，他是我很喜爱的学生之一。一学期结束后，他和一些差生被调到了文科班，另一个班成绩好的学生被调进了理科班，这本是当时很不正常的一种教学秩序乱象，不知是有人挑拨还是什么原因，他竟误以为是我所为。但这位学生还是正直而有良心的，所以他又说："但是有点没变，老师，我依然深爱着您。"

我也为同学们的这份真诚感动，谢谢同学们！

附：

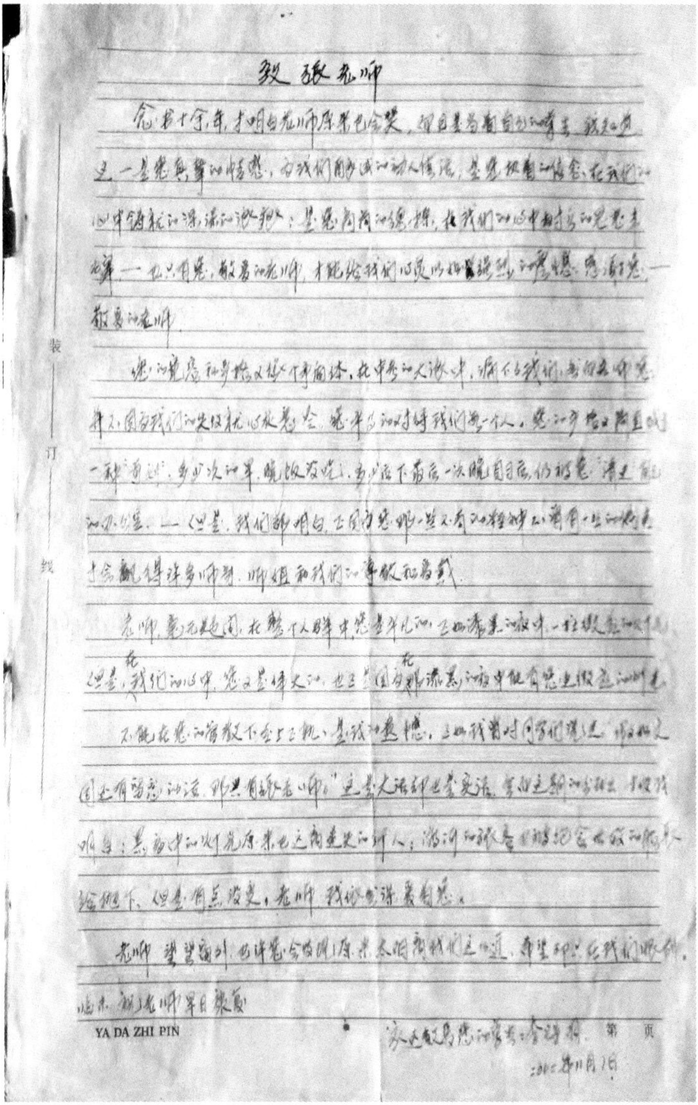

致 张老师

致张老师

　　念书十余年，才明白老师也会哭，而且是当着自己的学生。我知道，这是您以真挚的情感，为我们酿成的动人佳话；是您执着的信念在我们的心中铸就的深深的浪痕；是您高尚的情操，在我们的心中树立的思想丰碑——也只有您，敬爱的老师，才能给我们心灵以如此强烈的震撼。感谢您——敬爱的老师。

　　您的宽容和严格又像个矛盾体。在中考的大浪中，漏下了我们，然而老师您并不因为我们的失败就心灰意冷，您平等地对待每一个人。您的严格又简直成了一种"苛刻"，多少次的早、晚饭没吃，多少次下最后一次晚自习后，仍被您"请进"自己的办公室，——但是，我们都明白，正因为您那一丝不苟的精神，不曾有一丝的偏差，才会赢得许多师哥、师姐和我们的尊敬和爱戴。

　　老师，毫无疑问，在整个人群中，您是平凡的，正如漆黑的夜中，一柱微茫的灯光。但是，在我们的心中，您又是伟大的，也正是因为在那漆黑的夜中能有您这微茫的灯光。不能在您的管教卜走上正轨，是我的遗憾。正如我曾对同学们说过："假如文同还有留念的话，那只有张老师。"这是大话却也是实话。然而这期的分班，才使我明白：黑夜中的灯光原来也远离迷失的行人；渡河的旅客也被饱含世故的船长给抛下，但是有点没变，老师，我依然深爱着您。

老师，望望窗外，也许您会发现原来太阳离我们这么近，希望却只在我们眼前。临末，祝老师早日康复！

永远敬爱您的学生：李辉明

2002 年 11 月 17 日

八角中学高 89 级同学会照片

张宗源夫人

张宗源与夫人

新中国成立前，我出生于四川省盐亭县五龙乡张家嘴一个民间医生家庭。父亲张子良，母亲杨文秀 。两岁时我被父亲送到本县高灯乡（俗名踏泥坝）马桑湾外婆家，去的时候只有外公外婆在家。我去外婆家不久，外公就去世了。大舅杨先尧，我去的时候没看见，直到临新中国成立才看见。大舅为地主打长工，被国民党抓去当兵了，因性格倔强，受了很多折磨，差点死了，后来趁乱逃了回来。幺舅杨先田尚小为地主放牛，只在外公去世时回家来见过一面，新中国成立后才回家，当了一辈子村干部。我母亲排行老大，三岁时经常跟着外婆在高灯东一庙附近挑猪草，被五龙场（俗名石狗场）长岭岗一个长期做酒生意的何姓妇女路过时看中，经几次交谈，说想要这个女娃娃。因太穷，我外婆也就答应了。我高中毕业后做过调查，据长岭岗何长青的妈妈（我喊舅母，母亲何家的姊妹，是何姓的隔房媳妇）讲，长岭岗外婆没有生育，不知道疼儿女，外公也不在世，母亲就成了她家唯一的劳力，去后就开始劳作，一夜夜地烧锅（烤酒）。平时一旦长岭岗外婆酒疯发作，母亲就要挨打受骂。稍大后母亲就做地里的活路，外婆去卖酒时将房门都锁了，母亲在地里做活路连午饭都吃不上，往往是舅舅舅母他们给母亲送一碗饭到地里。所以母亲一双大脚板，练就了强壮的体格，这是她嫁到张家后终年劳作不止还很少生病的原因。

　　由于自小在外婆家缺乏母爱，我养成了少言寡语怯生的习惯，也养成了诚实听话循规蹈矩的习惯。外婆家是佃农，仅三

育人篇

分土地，外婆以挑猪草卖为生。家穷自然缺乏营养，我自幼便体弱力小，小时大家都叫我四娃疤子（我排行第四，母亲生的前两个都夭折了）。幸运的是，新中国成立后父亲接我回家，从小学到高中毕业，都是在党的阳光下接受良好的教育，高小任班长，初中先后任班长、学生会主席、团支部书记和校团委委员，高中任班长等职。在这个过程中，我获得了很好的培养和锻炼，特别是初中班主任杨德辉老师那种正直刚毅嫉恶如仇的军人性格，给了我人格的力量和终生的影响。

1966 年高中毕业，我正准备迎接一周后的高考，突然而来的"文化大革命"打破了我的大学梦。接着参加梓潼的社教运动，初步认识了社会的复杂性。从此，我们的青春几乎被消磨在十年的内斗和低水平低效益高付出的劳动中。1969 年末，因弟兄姊妹多，居住条件差，我主动选择移籍和平乡四村七队，即今林农镇书房村。到和平后，我主要担任代课老师和公社农技员。特别令人想不到的是，我当时已是一个近 30 岁的大龄青年，村党支部书记胡泽松亲自给我送来一份中国共青团盐亭县委奖给我的"先进共青团员"的奖状。

这是怎么回事呢？原来农闲时，青年人往往聚在一起打红六符（用扑克搞的一种小小的赌博游戏），既无聊，又影响社会风气。我移籍和平四大队七队后，我就坚决制止，组织青年学习、宣传党的政策，学习报纸杂志，宣传好人好事（早晚山头广播、办黑板报），搞青年义务劳动等。通过有组织的学习、培养，适龄青年都入了团，给予生产队很大助力。生产队长敬国仪非常支持我的工作，说这件事做得好，帮了他的大忙。

1976年5月，我随副乡长一行人在三大队栽秧，忽然觉得寒冷乏力，随即请假回家。妻子收工回来，看见我倒在床上，两腿田泥，人事不省，急忙请人请医生。冯子正医生赶来后，打了两针强心针才将我抢救过来。据他说，再迟半小时就没救了。在公社住院后，到华西医院检查，结论是窦性心律不齐、心肌缺血，诊断为感冒引起的急性心肌炎。我刚从成都检查心脏病回来不久做农技巡查时，在众人不敢下水的情况下，冒着受冷水刺激心肌炎极易突发的危险，潜入深塘救捞起五大队五队溺水社员徐春树。此事，在当地传为美谈。我之所以能在逆境中不气馁，不颓废，挺起腰杆顽强地走下去，就是因为长期受党的教育，受优秀读物中英雄人物的熏励，受杨德辉那样的老师和老前辈言传身教的影响，所以才获得"先进共青团员"的殊誉。这也使我认识道，即使在逆境中，只要挺直脊梁做人，为社会做出了贡献，党和群众还是分得清黑白的。

1977年恢复高考，我又得好人相助，当时新任公社党委副书记的范东山非常年轻，很有正义感，通知我参加体检和高考，使我获得了人生的第二个春天。绵阳高师（现绵阳师范学院）毕业后，我先后在五龙中学、八角中学、盐亭师校、文同中学任教。

20世纪80年代中期，八角中学声名鹊起，一个乡镇初中校的戴帽高中，名声之大，连县城的学生都要"屈尊"到那里

育人篇

去就读，其根本原因就在于当时的校长蒋廷芳、书记冯云华等领导风清气正，不讲个人关系，不搞拉拉扯扯，重能力，重实绩，重实干。当时还没有什么奖金，但是大家齐心协力，兢兢业业，虽苦犹乐。我的《晨光》就是当时学校景况的真实写照，映衬出当时全国新潮叠涌、千帆竞发、气象万千、日新月异的大好局面。

看书学习是我的乐趣。师校藏书很多，每到星期天和寒暑假，我就借来很多专业书看。仅汉语语法讲座丛书就有十几本，我全部看完，还结合教学实际做了一些研究（见语言研究篇）。看了《美学基本原理》等，就用以指导教学中的文学鉴赏（见教材研究篇）。看了《控制论、信息论、系统论与教育科学》《控制论美学》，就用以指导我的教育教学研究。比如《明确教改要求，提高教学效率》（获绵阳市中师语文联教活动 1994 年论文一等奖），后改名为《实施新大纲　实现〈阅读与写作〉教学的高效率》（1994 年省中师教研会交流并获省中师语文教研论文三等奖，载于 1995 年气象出版社出版的《研究与改革》论文集），就是中师语文知识和能力系统整体的教育教学研究；高效阅读研究，是阅读技能系统整体的研究；《难老泉》的主题探讨，是课文系统整体的研究。凡是借阅的书看了，我都要做读书笔记，一百页的备课本就整整写了三本。另外还订阅了大量的专业杂志，仅语文教学杂志就订了三种。一上街，首先就是进新华书店，凡发现新版的专业书必买必看，如文学概论，文艺美学，修辞专著，语言研究专著，唐诗宋词元曲鉴赏等，我购置的图书就达两书架。

假休时间，是我自学充电的时间。读书，特别是结合实践的读书，如解饥救渴，不仅解决了教学中很多急需解决的问题，而且丰富了知识，增长了才干。读书，特别是结合实践的读书，如览胜阅秀，看到了知识的浩瀚海洋，绚丽天光，山外之山，奇妙极景。读书，特别是读专业书，使人避开了搓麻打牌之类的尘世庸俗，获得了一种高雅的享受和娱乐。读书，特别是读好书，是一种修身养性的好方法。读书，可将当权之雀的雕心鹰爪置之脑后，可置庸人市侩的蝇营狗苟不屑一顾。观学人之阑珊境界，叹为观止；攀术业之奇峰峻岭，心旷神怡。既养性，又修身。

1994年我因过劳免疫力下降，得了肺结核和乙肝，按医家说，此两病用药相阻相克，极难治疗。当时有三个比我年轻的同事仅得乙肝还无肺结核都先后去世，而我不仅结核钙化，乙肝也产生抗体。总结经验，得益于两个方面。一是夫人的精心照料。教务主任王传杰来看我时拍着我夫人的肩膀说："这个病是全国都难治的，就看你这个后勤部长喔！"学校的家属们称她是把我当国宝熊猫养护。二是得益于书海畅游，潜心教研，尽登高览胜之乐。据科学家研究，一个人如果专注于科研，会抛弃任何杂念，产生一种激素，激发身体的免疫力；特别是那种成功的喜悦感，其兴奋情绪激发出的免疫力更强，并举好多科学家都90岁以上的高龄了还在工作作为佐证。我得那么严重的病，才休息调养半年多还未痊愈我就恢复上课，由于放弃一

切杂念搞教研，结果是结核钙化，乙肝产生抗体，至今这两项体检都没有问题。

　　古人说："物格而后知至，知至而后意诚，意诚而后心正，心正而后身修，身修而后家齐，家齐而后国治，国治而后天下平。"说到齐家，我却是个失败者，因为育子是齐家的重中之重，我在教育子女上是无能为力的。

　　从教以来，我整个身心都放在了教育教学工作上，根本无暇顾及孩子的学习，都由她们自然发展。我全身心投入教学工作，多亏了妻子的辛苦操持，为我节约了很多时间，可以说，我的工作有一半是她的付出。因此，要说齐家，我是有愧的。但对学生，却比对自己的孩子还劳心费神，正如学生李辉明所说"您并不因为我们的失败就心灰意冷，您平等地对待每一个人""正

张宗源的三个女儿 头两个是双胞胎

因为您那一丝不苟的精神，不曾有一丝的偏差，才会赢得许多师哥、师姐和我们的尊敬和爱戴"。我特别同情那些农村的孩子，因为我自小在农村长大，经历过很多酸甜苦辣，农村一般家庭要培养出一个孩子很不容易，我的父母就因为盘儿育女送我们读书都才50多岁就去世了。因此我对他们一视同仁，也很严格，像杨德辉老师为人师表一样。尽管有些是恨铁不成钢，

但也永不放弃。所谓"舐犊之情"是也！因此，此书定名为《舐犊集》：表现对教育事业的忠诚，对学生的舐犊之爱。概而言之：以忧舐犊，躬耕于勤。

2015 年 1 月 16 日

育人篇